L'eau

Usages et conflits d'usages

QUE SAIS-JE ?

L'eau

Usages et conflits d'usages

JACQUES LECOMTE
Directeur de recherche honoraire
à l'Institut National de la Recherche Agronomique

DU MÊME AUTEUR

Réintroductions et renforcements de populations animales en France, *Revue d'écologie,* Paris, 1990, Suppl. 5,350 p.
Promenades naturelles, Paris, Chabaud, 1990, 128 p.
Recréer la nature, numéro spécial : *Natures sciences sociétés,* Dunod, 1995, 96 p.

ISBN 2 13 049110 3

Dépôt légal — 1re édition : 1998, avril

108, boulevard Saint-Germain, 75006 Paris

INTRODUCTION

Donnant depuis quelques années un cours, à l'Université François-Rabelais, à Tours, sur les usages de l'eau et les conflits qu'ils engendrent j'ai pu, au cours de recherches préalables et des mises à jour, prendre conscience de l'importance du problème.

Chaque semaine, les revues scientifiques spécialisées, celles jouant un rôle d'information plus général et aussi souvent la presse quotidienne, apportent de plus en plus d'informations concernant ces questions.

La pénurie d'eau, au moins d'eau douce de bonne qualité, est devenue une préoccupation très importante pour une grande partie de l'humanité et cette denrée devient précieuse.

Les phénomènes qualifiés de « naturels » qu'il s'agisse de sécheresse ou d'inondations, souvent catastrophiques dans les deux cas, occupent de plus en plus le devant de la scène. Nous commençons seulement d'ailleurs à nous poser la question de nos responsabilités dans la genèse et les conséquences de ces événements.

Enfin les transformations souvent destructrices des différents systèmes aquatiques que nous qualifions maintenant d'« infrastructures naturelles » ne manquent pas de susciter bien des inquiétudes.

L'étude des conflits ayant l'eau pour origine est devenue une discipline importante dans la mesure où elle repose sur des connaissances techniques mais aussi sur la nécessité de prendre conscience de tous les éléments impliqués.

Ceux-ci sont loin d'être uniquement liés aux techniques de l'eau mais impliquent bien d'autres domaines comme l'économie ou la politique.

Aucun conflit ne peut être compris si on n'accepte pas de faire l'analyse de l'ensemble des données afin de tenter une synthèse compréhensive.

C'est cette démarche que nous allons entreprendre en rappelant quelques faits avant d'étudier l'étude de quelques cas qui devrait permettre d'ébaucher, au moins, les synthèses nécessaires.

Chapitre I

DONNÉES GÉNÉRALES

I. — Caractéristiques de l'eau

La définition classique de l'eau est bien connue : liquide incolore, transparent, inodore, insipide, dont les molécules sont formées de deux atomes d'hydrogène et d'un atome d'oxygène, donc H_2O.

On peut dire aussi que l'eau est formée par la combinaison de deux volumes d'hydrogène et d'un volume d'oxygène ou en masse que l'union de 2 g d'hydrogène et de 16 g d'oxygène produit 18 g d'eau.

Malgré ces données bien établies l'eau présente quelques anomalies dont certaines posent encore des questions et attendent des explications.

On remarque ainsi que l'eau possède un point de fusion élevé. Il en est de même de son point d'ébullition par rapport à ce que son poids moléculaire relativement peu élevé (18) laisserait prévoir.

L'eau est un mauvais conducteur de la chaleur ce qui explique pourquoi des mers peu profondes et chaudes en surface peuvent rester fraîches au fond.

L'eau est bien incolore dans le spectre visible mais absorbe le rayonnement infrarouge et l'ultraviolet. La transparence de l'eau à la lumière visible permet à la photosynthèse de s'effectuer à des profondeurs de quelques dizaines de mètres à condition que des êtres vivants ou des matières en suspension ne viennent pas en diminuer la transparence.

De même, l'eau possède un pouvoir dissolvant considérable qui est essentiel en ce qui concerne le rôle qu'elle joue sur notre planète. Elle possède aussi un pouvoir ionisant important. Ces deux caractéristiques sont liées à une constante diélectrique élevée. L'eau présente une autre anomalie, elle possède un maximum de densité à la température de 3,8 °C. Le litre a d'ailleurs été défini comme étant le volume occupé par 1 kg d'eau à cette température et à la pression atmosphérique du niveau de la mer.

Cette particularité a des conséquences importantes. Ainsi le fait que la glace flotte évite à un lac de geler jusqu'au fond, ce qui aurait des conséquences dramatiques pour la vie aquatique.

Depuis peu on dispose d'une explication satisfaisante de ce phénomène qui serait lié à des modifications de distances entre les atomes d'oxygènes en fonction de la température[1].

II. — La ressource, le cycle de l'eau

L'eau est indispensable à la vie ainsi qu'au fonctionnement général de notre planète. Ses usages se multiplient sans cesse et sa consommation directe par l'homme a sans doute été multipliée par sept depuis le début de ce siècle.

Pourtant, si elle est renouvelable, l'eau n'est pas inépuisable.

La ressource est constituée en partie par des stocks anciens, on parle d'eau fossile, mais surtout à partir du cycle de l'eau.

Celui-ci se déroule entre la terre, l'atmosphère et la mer sous l'effet du rayonnement solaire.

1. J. Hecht, Flexing hydrogen bonds help water bend the rules, *New scientist,* 2 mars 1996, p. 17.

L'évaporation des eaux libres, y compris marines, ainsi que la transpiration de la végétation mettent en mouvement des quantités d'eaux impressionnantes.

L'évaluation de plus en plus précise de ces volumes occupe un certain nombre d'équipes de chercheurs qui sont en mesure de nous donner des évaluations incontestables.

On trouverait ainsi dans les océans, 1350 10^{15} m^3, dans les eaux continentales de surface et les eaux souterraines des différentes couches aquifères, 36,6 10^{15} m^3 et dans l'atmosphère seulement 0,013 10^{15} m^3 dont plus de la moitié se trouve à moins de 1 500 m d'altitude.

Bien entendu on peut aller plus loin dans l'estimation, ce qui permet de réaliser que l'importance du rôle joué par l'eau sur la terre n'est pas liée au volume intéressé. Par exemple, la totalité de l'eau contenue dans les cellules vivantes animales ou végétales ne dépasse pas 1 100 km^3.

Des découvertes viennent cependant modifier certaines évaluations. Ainsi le schéma classique du cycle de l'eau : évaporation, précipitation et retour à l'océan par les cours d'eau doit être complété. L'apport par voie souterraine serait loin d'être insignifiant. En utilisant des méthodes isotopiques permettant d'identifier l'eau souterraine au large des côtes de Caroline aux États-Unis, on a estimé ce flux à 40 % de celui des rivières[1].

On s'intéresse aussi de plus en plus au rôle joué par les glaciers. Ceux-ci, ou d'épaisses couches de neige, existent dans de nombreuses chaînes montagneuses y compris dans celles se trouvant dans des régions tropicales.

1. Th. M. Church, An underground route for the water cycle, *Nature,* 18 avril 1996, p. 579.

Les eaux de fonte alimentent de nombreux cours d'eau et dans de nombreuses régions arides constituent la ressource principale. C'est le cas dans les Andes, dans les pays proches de l'Himalaya ou en Asie centrale.

L'écoulement glaciaire n'est pas en relation immédiate avec les apports neigeux et le fait qu'il soit différé joue un rôle régulateur. En fait, l'écoulement augmente quand les précipitations neigeuses sont inférieures à la normale et diminuent au contraire quand elles sont supérieures. De plus cet apport d'eau vers la plaine est plus important lors des saisons sèches et chaudes. Les ressources en eau de pays comme le Maroc dépendent beaucoup de ces neiges stockées à grande altitude.

III. — **Problèmes de répartition**

La ressource en eau bien que considérable, au niveau planétaire, pose quelques problèmes du fait de sa répartition.

On remarque d'abord que la plus grande partie de l'eau présente sur notre planète est constituée par l'eau salée des mers et océans.

Cette eau est loin d'être inutile, en dehors de son rôle dans le cycle général. La mer est un support de ressources vivantes largement exploitées. La mer joue un rôle important par rapport aux transports. Elle a aussi d'autres usages, par exemple dans le domaine de l'industrie.

Cependant, dans la plupart des cas, elle ne peut remplacer l'eau douce. Les différentes techniques de dessalement, ponctuellement très utiles, sont toujours très onéreuses. La production d'eau douce annuelle est inférieure à 100 millions de mètres cubes, essentiellement dans le Moyen-Orient.

La répartition de l'eau douce fournie par les précipitations et rapportée au nombre d'habitants de chaque pays telle qu'on peut la représenter sur une carte du monde paraît très éloquente mais ne signifie pas grand chose si on considère le nombre de facteurs en cause.

Il y a lieu, ainsi, de corriger ces données brutes par l'incidence du climat qui modifie considérablement l'évapotranspiration, c'est-à-dire la combinaison de l'évaporation de l'eau de surface et de l'eau relâchée par la végétation.

Il suffit de savoir que dans les régions de notre pays qui bordent la Méditerranée l'évapotranspiration est environ 100 fois plus importante en été qu'en hiver pour imaginer les différences qui peuvent exister sur l'ensemble de la planète. Dans le cas d'une forêt située en zone tempérée la quantité d'eau transpirée peut varier entre 20 à 50 t par jour.

Il faut également réaliser que si nous ne prenons pas en considération une vaste région géographique mais un pays de taille relativement réduite il n'est pas raisonnable de tenir compte des seules précipitations mais il faut aussi y ajouter de l'eau apportée par les fleuves provenant d'États situés en amont.

C'est ainsi que les Pays-Bas, si on ne considère que le volume des précipitations par rapport au nombre d'habitants, environ 700 m^3, font partie des pays pauvres en eau. Les apports de la Meuse et surtout du Rhin sont donc essentiels et créent une situation très confortable en assurant un total de 6 100 m^3 par habitant et par an. Cette situation explique l'attention extrême portée par les Pays-Bas à la qualité de l'eau de ces cours d'eau et le conflit aigu avec la France, il y quelques années, au sujet des déversements de chlorures provenant des mines de potasse d'Alsace.

En France, les importations et les exportations

d'eau courante sont assez bien équilibrées. Nous recevons de l'eau d'Espagne et de Suisse principalement, environ 14 km^3. Nous en exportons quelque 16 km^3 dont quatre vers la Belgique pour qui cet apport est essentiel, Le cas du Rhin, fleuve frontalier, étant mis à part.

En ce qui concerne les précipitations, en année normale nous recevons une moyenne de 800 mm d'eau soit 440 milliards de mètres cubes. L'évapotranspiration représente 500 mm. Il resterait donc 300 mm ce qui correspond à 170 milliards de mètres cubes c'est-à-dire une quantité d'eau importante. Elle représente en année normale, un peu moins de 4 000 m^3 par personne et par an.

De plus, de 100 à 75 milliards de mètres cubes sont stockés dans les lacs naturels ou artificiels, la neige ou la glace et les nappes souterraines. Ces dernières sont d'ailleurs les plus difficiles à estimer. En ce qui concerne les lacs rappelons l'importance de ceux de la région subalpine qui constituent la plus grande réserve d'eau douce de surface d'Europe occidentale.

La France peut donc connaître des problèmes régionaux, certaines années, mais globalement, sur le plan quantitatif, elle se trouve bien pourvue dans ce domaine.

IV. — La pénurie dans certains pays

Selon un rapport récent de la FAO, une trentaine de pays seront confrontés à une pénurie d'eau dès le début du XXIe siècle.

En effet, depuis cent ans, la consommation d'eau douce a sans doute été multipliée par dix et pour les régions du globe où la ressource est faible on peut craindre le pire.

Ceci d'autant plus, nous aurons l'occasion d'y revenir, que l'usage économique et une bonne politique de l'eau nécessitent un niveau de développement et de maturité qui n'est pas toujours rencontré dans les pays menacés. Si on estime, avec les experts de la FAO, que les besoins absolument indispensables par habitant et par an se situent autour de 1 000 m^3 et que le seuil d'alerte se trouve vers 2 000 m^3, la conclusion est évidente.

Une trentaine de pays, soit un peu plus de 300 millions d'habitants, n'atteindront pas ce seuil en l'an 2000.

Ces pays se trouvent naturellement situés pour la plupart, comme il est facile de l'imaginer, au Proche-Orient, en Afrique du Nord et dans le Sahel. Dans ces régions, on estime que le volume d'eau disponible par habitant aura subi une diminution de 80 % entre 1960 et 2025. A cette date, dans cette partie du monde, seul le Liban aura suffisamment d'eau pour ses besoins. Mais, en Europe, la Hongrie est, sans doute, également à classer dans cette catégorie.

Par ailleurs, une quarantaine de pays disposent en moyenne de 2 000 m^3 et peuvent rencontrer des difficultés localisées en permanence ou pendant des années sèches.

Pour les plus grands pays connaissant des situations très différenciées d'une région à une autre et peu de possibilité de transferts du fait des distances, on ne peut raisonner au niveau national. La Chine, l'Inde, le Mexique sont cités comme exemples par la FAO.

V. — **Les conflits internationaux au sujet de l'eau**

Toutes ces constatations concernent les précipitations mais l'insuffisance de la ressource ayant cette origine peut entraîner de vives compétitions entre les États en ce qui concerne les nappes aquifères et les cours d'eau importants.

Le Proche-Orient compte sans doute un grand nombre de ces conflits. La première opération des feddayin du Fatah en Israël le 1er janvier 1965 n'avait-elle pas pour but de saboter la prise d'eau effectuée sur le Jourdain pour irriguer le Néguev ?

La Judée Samarie et le plateau du Golan contiennent des ressources en eau considérées comme vitales par Israël. Le désir de conserver ces ressources n'a sans doute pas facilité le règlement des conflits entre Israël et ses voisins.

En particulier, après sa victoire de 1967, Israël a interdit aux Palestiniens de Cisjordanie de forer de nouveaux puits artésiens. Heureusement le traité de paix d'octobre 1994 entre Israël et la Jordanie comporte un règlement de la question de l'eau.

Notons qu'il existe aussi un conflit latent entre la Syrie et la Jordanie à propos de l'utilisation de la rivière Yarmuk, affluent du Jourdain.

Le projet du « Barrage de l'unité » n'a toujours pas été réalisé.

La décision de la Turquie d'achever le barrage Ataturk sur l'Euphrate a profondément détérioré, il y a quelques années, les relations de ce pays avec la Syrie et l'Irak.

Toujours à propos de l'Euphrate, quand les Syriens terminèrent un barrage en 1975, les troupes irakiennes firent mouvement vers la frontière et un conflit ne fut évité que parce que le président Assad ordonna l'ouverture des vannes, préalablement à une négociation.

Il serait certainement indispensable de créer une commission internationale de bassin concernant le Tigre et l'Euphrate, en particulier pour définir des règles de partage. Pour le moment, la Turquie défend le droit de « souveraineté absolue » sur l'eau présente sur son territoire tandis qu'en aval on parle de « droits historiques » et du « cours naturel de l'eau ». La décision de laisser au minimum 500 m^3 par seconde s'écouler vers la Syrie est sans doute satisfaisante mais il faut savoir qu'elle est sans doute liée à une attitude « compréhensive » de la Syrie vis-à-vis du problème kurde, selon le point de vue de la Turquie. Il faut aussi signaler les grandes difficultés rencontrées par le sud de l'Espagne à la suite d'un déficit pluviométrique qui a débuté en 1980. Les régions mieux pourvues n'apprécient pas toujours les prélèvements effectués sur leurs ressources et, sur le plan international, le Portugal n'approuve pas une augmentation des prélèvements dans les fleuves qui l'irriguent comme le Tage et le Douro.

En Afrique, les Égyptiens sont très attentifs aux projets situés sur le Nil en amont de la frontière soudanaise.

Il existe actuellement des accords entre l'Égypte et le Soudan mais l'Éthiopie est restée à l'écart. Ce dernier pays, du fait de ses difficultés intérieures, n'a pas commencé à réaliser d'ouvrages importants mais les projets concernant le Nil bleu ont déjà suscité des réactions hostiles des Égyptiens[1].

En octobre 1992, la décision prise par les Slovaques de mettre en eau la déviation du Danube destinée à alimenter la centrale de Gabcikovo a été très mal accueillie par les Hongrois qui craignaient des conséquences écologiques graves, et les premiers rapports optimistes des Slovaques n'ont pas calmé toutes les inquiétudes.

1. D. Hillel, Troubled waters of Eden, *People and the planet*, n° 3, 1996.

En Asie, l'Inde et le Bangladesh se querellent au sujet de l'eau du Gange depuis plus de vingt ans. La construction du barrage de Farraka, en Inde, à 18 km en amont de la frontière avec le Bangladesh et surtout la mise en service, en 1975, d'un canal qui dérive une partie importante de l'eau disponible vers la rivière Bagirathi ont créé une situation délicate. Le Bangladesh voit son alimentation en eau potable et ses possibilités d'irrigation compromises. Les remontées d'eau salée sont également à craindre. Un certain nombre d'accords provisoires sont devenus caducs et les nouvelles négociations ouvertes sont très âpres. Un espoir apparaît cependant du fait que la dérivation ouverte par l'Inde avait pour but essentiel de chasser du port de Calcutta les vases qui l'encombrent. Le résultat ayant été décevant, les Indiens vont avoir recours au dragage et n'utiliser l'eau que pour les usages domestiques et l'irrigation. On peut encore signaler un conflit récent entre l'Équateur et le Pérou au sujet de la propriété des sources de la rivière Cénepa.

Notre pays n'a pas connu de grands conflits avec ses voisins, cependant on peut rappeler quelques cas qui ont nécessité certaines négociations.

Par exemple, dans les Pyrénées, la ligne de partage des eaux ne suit pas toujours le tracé de la frontière franco-espagnole ce qui a nécessité quelques ajustements. Ainsi, en Cerdagne, les eaux issues de la France se dirigent vers l'Espagne et il a fallu quarante ans de discussions pour pouvoir détourner une partie de ces eaux vers l'Atlantique. En échange, le même volume d'eau provenant de la Haute-Ariège est dirigé vers l'Espagne grâce au percement d'une galerie de 5 km.

En ce qui concerne l'Italie les rectifications mineures de frontière effectuées en 1947 donnaient à la

France la propriété du lac du Mont-Cenis. Un barrage construit en 1968 alimente deux usines de production électrique. L'une est française et l'autre italienne. Le plus grand problème actuel reste celui du Rhin, il ne s'agit pas de partage de quantité d'eau mais du respect de sa qualité et aussi du maintien des capacités de navigation et de production d'électricité, sans parler de la prévention des crues.

Les Pays-Bas réclament depuis un certain temps la création d'une agence de bassin internationale pour harmoniser les actions des différents pays riverains.

Bien entendu les conflits à l'intérieur d'un État peuvent aussi prendre une tournure spectaculaire, nous aurons l'occasion d'en évoquer quelques exemples.

Avant d'en arriver à l'examen de ces conflits, il paraît important de rappeler l'importance des rôles joués par l'eau dans le fonctionnement de nos systèmes planétaires et les différents usages plus ou moins essentiels pour la survie de l'humanité.

Chapitre II

RÔLES ET USAGES DE L'EAU, L'ÉTAT NATUREL

Le premier rôle de l'eau est de permettre la vie qu'elle soit végétale ou animale, soit au niveau des organismes individuels, soit au niveau des systèmes dans lesquels ils vivent, nous y reviendrons. Mais il en existe un certain nombre d'autres qu'il convient d'évoquer.

I. — **Influence sur le climat**

Le cycle de l'eau est à la base de la plupart des cycles biogéochimiques. Il affecte directement la circulation de l'atmosphère et de ce fait contribue à déterminer les conditions climatiques.

Toute modification du cycle de l'eau peut donc avoir des conséquences importantes dans ce domaine. Les changements profonds apportés par la déforestation, la mise en culture, une surexploitation des pâturages ou l'urbanisation modifient les bilans hydriques et de ce fait peuvent perturber les climats sur une grande échelle.

En particulier, les grands aménagements hydrauliques comme le drainage des marais du Nil blanc, le détournement de fleuves en Union soviétique, la création de très grands lacs de barrage en de nombreux points du globe créent des anomalies d'humidité ou de température.

Celles-ci ont certainement des conséquences immédiates ou différées à l'échelle continentale. Depuis peu on a été également alerté par des mesures de concentrations élevées en bioxyde de carbone et de méthane à la surface des lacs de barrage. Ces gaz jouent bien entendu un rôle important dans ce que nous appelons l'effet de serre. Ils proviennent sans doute de la matière organique immergée lors de la mise en eau mais aussi de la matière organique produite dans le lac lui même. En ce qui concerne le méthane, les émissions provenant des lacs de barrage représentent environ 3,5 % des émissions générées par les activités humaines. La multiplication attendue des barrages en zones tropicales devrait augmenter sensiblement cette proportion[1].

Cependant ces différentes conséquences sont difficilement prévisibles avec certitude et ne font pas forcément l'objet d'une perception de relation de cause à effet. Pour ces raisons, les conflits sont peu nombreux dans ce domaine.

Par contre, on peut retourner la question et parler des phénomènes météorologiques dont l'influence sur les précipitations est considérable. Le plus important sans doute, connu sous le nom d'El ñino ou d'oscillation australe, est lié à une modification de l'emplacement des zones de hautes et basses pressions atmosphériques dans le Pacifique Sud. Pendant les années où le phénomène apparaît on observe de grandes sécheresses dans les régions de haute pression, Afrique orientale et australe, Indonésie ou Australie. Par contre, le nord de l'Amérique du Sud reçoit des précipitations d'une intensité exceptionnelle.

1. P. M. Fearnside, Hydroelectric dams as sources of greenhouse gases, *Environ. Conserv.*, 22 (1), 7-19, 1995.

II. — L'eau menaçante, les crues et la sécheresse

L'été de 1997 a été marqué par des crues catastrophiques qui ont ravagé l'est de l'Allemagne, la Pologne et la République tchèque.

Plus de 100 victimes et une dizaine de milliards de francs de dégâts font de ce débordement un événement devenu rare en Europe. Les précipitations abondantes à l'origine étaient dues, semble-t-il, à une anomalie climatique qui a touché le bassin de l'Oder et de la Neisse, une barrière anticyclonique située à l'est ayant bloqué pendant deux semaines une forte dépression.

Pour autant, il ne faut sans doute pas aller jusqu'à dire que les changements climatiques globaux sont les responsables et que cette anomalie se reproduira souvent.

Par ailleurs, le fait que ce drame se situe en Europe ne doit pas détourner notre attention de ceux qui se déroulent chaque année dans d'autres régions du globe.

L'existence de crues a toujours dominé les relations entre les hommes et les cours d'eau dont ils sont les riverains.

De nos jours, on estime que la moyenne annuelle représente environ 100 000 victimes à l'échelle mondiale.

La montée des eaux, brutale ou progressive, surprenante ou annoncée, est inséparable de l'histoire de nombreuses civilisations. Les vallées fertiles du Yang-Tsê en Chine ou celle du Nil ont été ainsi le théâtre de ces événements spectaculaires, à la fois redoutés ou, particulièrement dans le cas du Nil, considérés comme un bienfait des dieux.

La plupart des grandes villes situées sur le bord de

fleuves ont eu à souffrir de crues avant que des ouvrages d'art ne viennent réduire les risques. Paris en 1658 et plus près de nous en 1910, Varsovie en 1861 et 1934, Francfort en 1854 et 1930 ont ainsi connu des montées spectaculaires des eaux.

Ces crues ne sont pourtant, sans doute, que des événements mineurs par rapport à celles du sud-est asiatique. En particulier, entre 1952 et 1956, le continent indien a été ravagé par des crues énormes dues en général à la conjonction de pluies abondantes et de la fonte des neiges dans le massif de l'Himalaya. La Chine n'était pas non plus épargnée. On a parlé de 900 000 morts lors d'une crue du fleuve jaune en 1887. Les crues du Yang-Tsê, les plus spectaculaires datant de 1931, 1935 et 1954, ont fait environ 328 000 victimes.

Mais il existe aussi de nombreuses crues ponctuelles qui peuvent se révéler meurtrières du fait de leur caractère brutal. Chaque année ou presque, on connaît de telles crues aux conséquences tragiques, en particulier autour du Bassin méditerranéen.

La crue qui a ravagé Nîmes le 3 octobre 1987 a ainsi occasionné la mort de 10 personnes et environ 4 milliards de dégâts. Pendant six heures, les précipitations ont oscillé entre 50 et 100 mm par heure. Les canaux, à sec trois cent soixante jours par an et qui traversent la ville dans de gros tuyaux, étaient bien incapables d'accueillir une telle quantité d'eau. On se souvient aussi de la crue qui a ravagé Vaison-la-Romaine en 1992 et occasionné 37 disparitions.

Pour éviter le retour de telles catastrophes, il est nécessaire de prendre de nombreuses mesures. Les unes sont propre à certains sites, les autres sont susceptibles de généralisation.

Parmi les mesures générales la lutte contre l'accélération du ruissellement tient une place de choix.

Le reboisement, le maintien ou la restauration des fossés et des haies, l'aménagement des surfaces imperméabilisées par suite de l'urbanisation sont très importants.

On peut aussi créer des barrages destinés à écrêter les crues ou des bassins d'épandages. On a eu souvent recours aux digues et à l'enlèvement des obstacles susceptibles de freiner l'écoulement des eaux. En fait, ces différents moyens doivent être mis en place avec précaution. On peut protéger un secteur en aggravant les risques en aval, ce qui n'est pas un succès. D'autre part, ces ouvrages d'art ne protègent évidemment que contre les crues prévues au moment où on a fixé leurs dimensions. Généralement, il s'agit de la plus haute crue observée durant les cent dernières années.

Mais la crue peut dépasser ce niveau pour beaucoup de raisons, situations météorologiques tout à fait exceptionnelles, modification du bassin versant ou conjonction de différents facteurs. Les eaux franchissent alors les ouvrages de défense, parfois les détruisent et les dégâts observés peuvent être plus graves que si rien n'avait entravé la crue.

Une estimation périodique de l'état du risque qui ne soit pas uniquement basée sur des données statistiques paraît donc nécessaire.

Un moyen de prévention très utile consiste à prendre des précautions particulières dans les zones à risque. L'interdiction de construire ou d'installer des terrains de camping s'impose naturellement. Mais l'établissement des plans de surfaces submersibles, pouvant avoir un effet rétroactif, a aussi pour but d'éviter toute modification susceptible de gêner le libre écoulement des eaux lors d'une inondation.

L'organisation d'avertissements lorsque les prévisions météorologiques sont inquiétantes ou *a fortiori,* dès le début d'une augmentation brutale du débit, est recommandable.

Un réseau automatique d'annonce des crues a été progressivement mis en place en France à partir de 1988.

On sait par ailleurs que des crues peuvent avoir d'autres origines que des pluies excessives. C'est le cas des glissements de terrain, c'est aussi le cas des ruptures de barrage, bien que selon les estimations pareil événement ne devrait survenir en Europe de l'Ouest que dans un cas sur deux mille au cours du remplissage et qu'une fois en cent mille années d'utilisation.

On se souvient pourtant de la catastrophe du barrage de Malpasset en amont de Férus en 1959 qui a occasionné plus de 400 morts, et de celle du barrage de Vajont en Italie qui a fait 2 118 victimes en octobre 1963.

En France, depuis 1966 les 90 grands barrages, c'est-à-dire ceux dépassant 20 m de hauteur ou 15 millions de mètres cubes de retenue, sont sous haute surveillance et munis de dispositifs d'alerte. Deux cents autres barrages de moindre importance sont considérés comme intéressant la sécurité publique.

La plus grande menace concernant les barrages est cependant constituée par les séismes. Les barrages en béton résistent bien aux fortes secousses. Ainsi le barrage voûte de Pacoima en Californie n'a subi que des altérations peu importantes lors du séisme de 1971. Par contre, les barrages en remblai sont plus sensibles à ce type d'agression et on a déjà connu quelques accidents concernant des barrages de dimension relativement réduite.

Enfin, il ne faut pas oublier que ce qui se passe en mer peut aggraver considérablement des crues fluviales. Les hautes marées ou les tempêtes sont ainsi très dangereuses quand leurs effets se superposent à celui des crues. De plus, les prévisions concernant l'élévation du niveau des mers dans les prochaines décennies ne sont guère rassurantes.

Si les inondations constituent des menaces brutales et violentes la sécheresse, plus insidieuse, n'en est pas moins redoutable.

Il ne faut pas confondre la sécheresse et l'aridité.

L'aridité, qui est le propre d'un bon tiers des terres et affecte environ 15 % de la population mondiale, est un phénomène permanent pendant des périodes très longues. Conséquence d'un certain nombre de facteurs : température, précipitations, humidité de l'air, insolation et pressions humaines, les zones arides ont, bien entendu, subi des déplacements même pendant les périodes historiques. Selon certaines prévisions, de nouvelles modifications de répartition devraient encore survenir dans l'hypothèse d'un réchauffement global de la planète.

Bien entendu, l'importance des précipitations joue un rôle très important mais dans certains cas l'humidité de l'air peut apporter des compensations.

De nombreuses civilisations ont inventé des dispositifs destinés à piéger cette eau inaccessible.

Dans les montagnes du nord du Chili, les pluies sont pratiquement nulles. Par contre, les brouillards sont importants et on utilise actuellement des condensateurs, des « pièges à brouillard ». Un dispositif d'une surface développée de 90 m² peut capter 1 000 l d'eau par jour. De même, sur l'île de Santagio de l'archipel du Cap-Vert, de l'eau est ainsi récupérée grâce à des filets en polyéthylène placés face au vent.

On ne fait d'ailleurs qu'imiter un phénomène naturel celui de l'arbre-fontaine connu depuis fort longtemps. Sans retenir les récits qui, au XVe siècle, parlait d'un arbre qui produisait 8 000 l par jour, on connaît aux Canaries et ailleurs des arbres d'espèces diverses capables de fournir plusieurs dizaines de litres chaque jour en condensant des brouillards[1].

Par contre, la sécheresse est un phénomène accidentel, de périodicités et de durées variables, dû à un déficit plus ou moins prononcé des précipitations.

La sécheresse peut frapper les zones arides ou semi-arides, elle peut aussi affecter des régions qui ne présentent pas habituellement de déficit en eau. On peut également penser que les changements climatiques globaux auront une influence sur la sécheresse.

On peut aussi penser que des activités humaines comme les déboisements de surfaces très importantes peuvent avoir une grande influence sur le régime des précipitations. L'hypothèse, selon laquelle les sécheresses persistantes observées en Afrique de l'Ouest seraient dues à la déforestation du Nigeria, du Ghana et de la Côte-d'Ivoire, gagne du terrain[2]. La forêt tropicale humide a en effet besoin de beaucoup d'eau pour se développer mais elle relâche plus de la moitié de cette eau dans l'atmosphère et lui évite de partir directement et rapidement vers la mer. Aux environs des grandes forêts tropicales, on peut donc observer des pluies abondantes. Depuis le début du siècle, 90 % des 500 000 km^2 de la forêt de l'ouest de l'Afrique ont disparu pour faire place à des cultures diverses dont les produits sont bien souvent exportés. Dans le même temps, depuis une vingtaine d'années, les précipitations dans cette région ont subi une diminution de l'ordre de 20 %.

La coïncidence a semblé de nature à faire réfléchir. Ceci d'autant plus que des modélisations crédibles

1. Gioda *et al.*, *Le Flamboyant,* n° 41, mars 1997.

2. F. Pearce, Lost forest leave west Africa dry, *New Scientist,* 18 janvier 1997.

viennent renforcer la thèse de ceux qui accusent les déforestations outrancières au profit du cacao ou du café d'être la cause principale du déficit en eau dans cette partie de l'Afrique.

Rappelons aussi que dans ce continent les zones arides représentent environ 40 % de la superficie totale.

Bien des spécialistes s'accordent aussi pour prédire que ce que nous observons en Afrique pourrait survenir au Brésil si le rythme de la disparition de la forêt amazonienne ne se ralentit pas.

La France a connu depuis la dernière guerre quelques sécheresses importantes. On peut citer par exemple : 1949, 1976, 1989.

La sécheresse de 1976, année de l'impôt « sécheresse », a certainement frappé les esprits mais 1977 a été une année pluvieuse et les choses sont vite rentrées dans l'ordre. La sécheresse de 1989 a été tout autre.

En fait, elle a véritablement commencé pendant l'automne 1988 et a duré trois ans.

Dans certaines régions, le déficit pluviométrique par rapport à une année considérée comme normale était considérable.

Durant le mois de juillet 1989 le déficit s'élevait à 60 % dans la région de Toulouse et 90 % dans la montagne Noire.

Cette situation n'a pas eu de conséquences graves au niveau quantitatif sur la distribution de l'eau domestique. Cependant elle a nécessité des connections de réseaux et des transports exceptionnels, par exemple pour ravitailler les îles du Morbihan. Sur le plan qualitatif, les réductions de débit, en augmentant la concentration d'éléments indésirables, ont un effet nocif. Les proliférations d'algues constituent un autre inconvénient.

Un autre effet de la sécheresse, inattendu pour

beaucoup, a été le tassement de certains sols argileux ou marneux et par conséquent des dégâts importants à des constructions. En décembre 1992, on recensait des dégâts sur plusieurs dizaines de milliers d'habitations représentant un total dépassant 2 milliards dans 3 085 communes.

III. — **L'eau menacée, les grandes pollutions**

Les mouvements de l'eau par ruissellements et infiltrations sont également ceux de nombreuses substances dont certaines ont des effets indésirables sur la santé humaine ou le fonctionnement des écosystèmes.

L'importance et la diversité des pollutions est telle que nous devrons sans doute en reparler dans d'autres chapitres traitant de tel ou tel usage.

On peut cependant faire au préalable quelques remarques.

On doit distinguer les pollutions chroniques et diffuses dont les dangers s'accroissent avec le temps et les pollutions aiguës généralement de courte durée.

Parmi les premières, certaines sont directement liées à une activité humaine. Par exemple, l'agriculture peut affecter considérablement la qualité de l'eau.

L'attention s'est portée avec insistance depuis quelques années sur l'élévation du taux des nitrates dans les nappes phréatiques. Le taux naturel se situe aux environs de 2 à 3 mg par litre. Par suite de l'utilisation d'engrais azotés, des apports des effluents d'élevage et parfois, aussi, de sources extérieures à l'agriculture, les quantités de nitrate observées dans l'eau dépassent de beaucoup cette teneur. On peut observer des concentrations dépassant 100 mg par litre.

Or, on sait que les nitrates se réduisent en nitrites

dans l'intestin sous l'influence de bactéries et que ces nitrites peuvent être responsables d'une pathologie qui affecte les jeunes enfants ainsi d'ailleurs que les jeunes animaux d'élevage.

Cette altération du sang, connue sous le nom de méthémoglobinémie, est due au fait que l'hémoglobine se transforme sous l'effet des nitrites et devient incapable de fixer l'oxygène. De même, les nitrites peuvent se combiner avec des amines pour former des nitrosamines qui font partie des substances suspectes même si le risque d'apparition de cancer aux doses rencontrées n'a pu être démontré de manière irréfutable.

De toute manière, l'OMS et la directive sur l'eau potable applicable en France depuis 1989 fixent à 50 mg par litre la dose maximale. Or, dans de très nombreuses régions de France, cette dose est largement dépassée, et les valeurs observées ne cessent d'augmenter. Pour tenter de trouver des remèdes à cette situation on a créé en 1984 un comité d'orientation pour la réduction de la pollution des eaux par les nitrates et les phosphates. Il s'agit du CORPEN dont la compétence a été étendue en 1992 aux produits phytosanitaires[1].

L'action de ce comité est essentiellement incitative. On avait déjà lancé, avant la création du CORPEN, une opération de lutte contre la pollution des eaux par les nitrates, connue sous le nom de Ferti-mieux qui consiste à attribuer un label à des agriculteurs qui s'engagent à respecter un cahier des charges. Bien qu'intéressant, en 1996, 1 300 000 ha on ne peut dire que le problème soit résolu par cette opération. Les taux de nitrate ne cessent d'augmenter en particulier

1. Par « produits phytosanitaires » on entend les insecticides, les fongicides et les herbicides. On utilise aussi le terme de pesticide.

dans les eaux souterraines et comme le temps écoulé entre l'épandage sur le sol et l'arrivée dans les nappes est de l'ordre de dix à vingt ans on peut penser que le pire n'est pas derrière nous.

On peut cependant espérer que la mise en œuvre de la directive nitrate de la CEE saura imposer des contraintes malheureusement inévitables.

Soulignons que, bien que des solutions de traitement existent, l'impact des nitrates sur d'autres cibles, écologiques en particulier, que la consommation humaine interdit de se contenter de ce palliatif. La recherche et la mise en œuvre de solutions agronomiques doivent donc être encouragées[1].

L'agriculture peut également polluer les eaux de toute nature à la suite de l'utilisation de différentes molécules destinées à lutter contre des végétaux ou des animaux indésirables. Ces produits, regroupés sous le nom général de « pesticides », sont étroitement surveillés par l'Organisation mondiale de la santé qui a fixé des seuils ainsi d'ailleurs que d'autres organisations. Bien que les données précises et récentes ne soient pas nombreuses, il semble bien que ces seuils soient souvent largement dépassés dans plusieurs régions de France. Ce serait, en particulier, le cas pour l'atrazine, un herbicide soupçonné d'être cancérigène, dont l'usage est encore autorisé en France, bien qu'interdit dans plusieurs pays d'Europe.

Par ailleurs, des études statistiques convergentes semblent bien mettre en évidence les effets nuisibles sur la santé humaine. Les agriculteurs sont d'ailleurs les premiers touchés. Dans ces conditions, on peut s'étonner de projets visant à adopter des normes

1. A. Lacroix, Les solutions agronomiques à la pollution azotée, *Courrier de l'environnement de l'INRA*, 29-41, 24, 1995.

moins strictes de concentrations de pesticides dans l'eau de boisson.

Bien entendu, toutes les pollutions de ce type ne sont pas d'origine humaine. On rencontre ainsi des exemples de pollution naturelle par l'arsenic dans des eaux extraites de réserves profondes. Au Bengale, sur une surface plus grande que celle de la Belgique, on a mesuré dans 7 000 puits des concentrations en arsenic représentant 20 à 30 fois la dose maximale fixée par l'OMS. En conséquence, plus de 1 million de personnes sont contaminées et 200 000 présentent des symptômes graves d'empoisonnements. D'autres cas, sur une plus petite échelle, ont été signalés, par exemple, au Chili, en Argentine, au Mexique. Heureusement, la prise de conscience de la gravité de la situation a suscité quelques recherches. On a constaté qu'il était relativement facile de traiter l'eau pour remplacer l'arsenic libre par un arséniate de fer qui précipite facilement. Il faut aussi noter que la présence de mercure sous une forme ou une autre dans l'eau ou les sédiments est une cause de pathologies très sérieuses. Cependant, il ne s'agit pas, dans ce cas, d'une contamination directe par l'eau de boisson mais de celle liée à la consommation par l'homme d'organismes aquatiques qui eux mêmes concentrent le mercure. L'intoxication dont on parle le plus a eu lieu en milieu marin, au Japon, dans la baie de Minamata, à la suite d'une pollution chronique d'origine industrielle. Vingt mille intoxications plus ou moins sérieuses et environ 800 morts représentent un bilan catastrophique. Il faut noter qu'il s'agissait d'une population pour laquelle la consommation de produits de la mer était très importante. Les normes fixées à 0,5 mg de mercure par kilogramme de poisson sont souvent dépassées sans inconvénient pour le consommateur occasionnel.

C'est en particulier le cas de la Guyane où les chercheurs d'or polluent les rivières en utilisant, sans beaucoup de précautions, du mercure pour amalgamer l'or.

Le mercure fait d'ailleurs partie des polluants sujet au phénomène de bioamplification. Les corps ou les molécules très peu dégradables et difficilement éliminables par les organismes se concentrent en passant d'un niveau de la chaîne trophique au niveau supérieur. Depuis l'eau ou les sédiments jusqu'aux niveaux supérieurs, la loutre ou l'homme, en passant par le plancton et les poissons, on peut atteindre des concentrations très élevées, atteignant une valeur plusieurs dizaines de milliers de fois supérieure à celle observée au premier niveau.

Par ailleurs, des pollutions diffuses mal connues commencent à attirer l'attention car on les soupçonne d'être la cause première de phénomènes difficiles à expliquer. On pense ainsi à une pollution de l'eau de boisson pour expliquer la baisse importante de la fertilité masculine observée dans de nombreux pays.

La présence d'œstrogènes ou de substances mimétiques dans l'eau de boisson serait, dans ce cas, mise en cause. En particulier l'octylphénol, utilisé pour la fabrication de papier, textiles et matières plastiques, s'est révélé eu laboratoire très nocif en ce qui concerne la qualité des spermatozoïdes de rats.

Il faut d'ailleurs être persuadé que la surveillance des effets toxicologiques concernant l'eau et les milieux humides est une tâche qui doit être sans cesse renouvelée.

Chaque changement de technologie peut apporter des problèmes nouveaux qui, faute d'études préalables exhaustives, ne sont découverts qu'après la mise en usage.

Ainsi, en Grande-Bretagne, les bains donnés aux

moutons pour réduire les attaques des parasites ont fait récemment l'objet d'une modification.

Ces bains, naguère, étaient constitués de solutions de produits organophosphorés qui, étant considérés comme dangereux, notamment pour la santé humaine, ont été remplacés par des pyrèthroïdes de synthèse considérés comme moins nocifs[1].

Malheureusement, les pyrèthroïdes de synthèse, tout comme leur cousin naturel extrait des fleurs de pyrèthre, sont particulièrement actifs à l'encontre des invertébrés.

Les eaux de lavage des moutons évacuées sans précautions sont responsables de la stérilisation de dizaines de kilomètres de rivières en touchant non seulement les insectes ou les crustacés mais aussi les poissons qui s'en nourrissaient.

On cherche, bien entendu, à prendre des mesures mais les spécialistes pensent qu'une brebis récemment traitée, venant paître près d'une rivière, peut apporter les quelques nanogrammes suffisants pour provoquer des dégâts importants.

Une autre pollution, insidieuse car chaque cas peut être considéré comme peu important si on ne dispose pas d'une vision d'ensemble, est constituée par les fuites des cuves de stockage d'hydrocarbures. Dans la seule région Ile-de-France, une étude approfondie montre qu'il existe au moins 1 million de réservoirs contenant environ 10 millions de mètres cubes. Les contrôles d'étanchéité, rares chez les particuliers, nous révèlent que 15 % des cuves ne sont plus parfaitement étanches et polluent, de ce fait, chroniquement les nappes souterraines.

Il faut aussi, cette fois à l'échelle nationale, signaler

1. F. Pearce, Sheep dips poison river life, *New Scientist*, 11 janvier 1997.

les quelque 30 000 stations-service fermées sans déclaration pour éviter la neutralisation obligatoire.

On estime que 2 à 3 millions de mètres cubes d'hydrocarbures « oubliés » sont ainsi stockés dans ces conditions en attendant tôt ou tard de s'échapper vers les eaux souterraines sans qu'il soit possible d'évaluer l'importance des impacts.

A côté de ces pollutions diffuses nous rencontrons malheureusement trop souvent des pollutions accidentelles dont certaines ont eu des conséquences importantes.

On peut ainsi rappeler la pollution de la Loire et de ses affluents en juin 1988 qui, selon une commission d'évaluation, aurait occasionné au moins 49 millions de francs de dégâts.

Un accident de fabrication dans une usine de produits chimiques suivi d'une explosion, d'un incendie et du déversement de quantités d'eau importantes par les pompiers a entraîné l'arrivée de produits très dangereux dans la Brenne, la Cisse et la Loire.

La vie aquatique, poissons et invertébrés, a été fortement touchée sur 45 km de cours d'eau. Les coûts directs, chômage, distribution d'eau potable interrompue pendant huit jours pour 155 000 personnes, etc., représentent 15,5 millions. Les manques à gagner, activités de pêche, tourisme, etc., ont été estimés, à l'époque, aux environs de 22 millions et les mesures de restauration à 11,5 millions. Les coûts « écologiques » sont plus difficiles à évaluer.

Par ailleurs, le coût des travaux qui auraient permis l'établissement de bassins de rétention suffisants avait été estimé à 3,8 millions. Mais ces travaux pourtant exigés avaient été différés en s'appuyant sur des arguments économiques !

On connaît aussi l'accident de portée internationale survenu sur le Rhin en novembre 1986. Un incendie dans un entrepôt des établissements Sandoz à Bâle a entraîné le déversement d'environ 30 t de produits insecticides hautement toxiques.

L'impact sur la faune aquatique, vertébrés et invertébrés, a été considérable sur plusieurs centaines de kilomètres. La présence de polluants, notamment du mercure, a été mise en évidence dans les sédiments. D'autres substances ont été mises en évidence dans la nappe phréatique.

Néanmoins, après ce coup sévère porté aux efforts de restauration de la qualité écologique du fleuve, les conséquences à moyen et long terme ont été heureusement inférieures à certaines prévisions. On peut même dire qu'un bien est issu de ce mal. En effet, à la suite de l'accident, la Commission internationale pour la protection du Rhin a mis en place un programme d'action très ambitieux. Ce programme devrait permettre d'utiliser à nouveau l'eau du Rhin pour l'alimentation en eau potable et de dépolluer les sédiments. On a même tenté de réintroduire les poissons migrateurs disparus et on a pu, dès 1995, observer quelques saumons remonter le Rhin d'où ils étaient absents depuis très longtemps.

La liste des accidents s'allonge malheureusement chaque année. C'est ainsi que très récemment, le Guyana a lancé un appel à la communauté internationale pour l'aider à faire face à une très importante fuite de résidus cyanurés dans une mine d'or. Plus de 1 million de mètres cubes de résidus contenant du cyanure se sont répandus dans deux rivières fournissant l'eau potable de 18 000 personnes.

On peut aussi relater l'accident survenu en 1996 dans les Andes. Un barrage retenant les boues issues d'une mine de zinc s'étant rompu, 400 000 t de déchets, contenant d'importantes quantité de métaux lourds, ont pollué 300 km de rivière. La vie aquatique a été très sérieusement atteinte, mais aussi le bétail qui buvait l'eau de la rivière, mettant ainsi en grande difficulté 50 000 fermiers. Un accident de même ordre, bien que moins important, a eu lieu récemment en France. Les eaux très polluées par du cyanure et de l'arsenic du fait de l'exploitation de la mine d'or de Salsigne dans l'Aude étaient retenues dans un bassin de stockage. En décembre 1996, devant le risque de rupture d'une digue, le préfet de l'Aude a autorisé le déversement des eaux polluées dans une petite rivière, l'Orbie. En mars 1997, devant les résultats des analyses, le préfet a dû interdire la mise en vente et la consommation des productions végétales provenant des zones inondables ou irriguées par l'Orbie.

Cependant, même si on peut toujours craindre un accident, un regard porté sur les pollutions d'origine industrielle, dans les pays les plus développés, incite à être optimiste.

Il est fini le temps où la rivière jouait le rôle d'égout dans lequel l'industriel pouvait déverser la totalité de ses déchets. Des récits concernant la situation en aval des tanneries au XVIIIe siècle sont assez édifiants.

Ensuite l'industrie est entrée dans l'ère de l'épuration. Nous sommes encore très largement dans ce système où l'industriel, encouragé par des primes ou découragé par voie pénale, met en place des procédés divers mais relativement efficaces.

Nous sommes pourtant en train d'accéder à une nouvelle phase, celle de la « technologie propre ». L'idée que la pollution peut être réduite dès le stade de production grâce à des innovations technologiques est née en France vers 1974. Cette idée est aujourd'hui largement admise et inclut trois grands types d'action ; le contrôle du procédé, par exemple la chasse aux fuites ; la modification du procédé, par exemple divers recyclages ; enfin le changement de procédé, par exemple la production de styrène sans eau.

Ce dernier type d'action est très prometteur car il permet souvent d'allier au respect de l'environnement des gains économiques notables.

C'est ainsi que Rhône-Poulenc a mis au point depuis quelques années le procédé « Effol » sur la chaîne de synthèse du nylon. Ce procédé divise par cinq la quantité des effluents aqueux. De plus les sous-produits organiques récupérés dans les eaux de lavage peuvent être recyclés et valorisés sous diverses formes.

En France, l'Union des industries chimiques a défini un indice basé sur six paramètres significatifs d'un impact sur la qualité des cours d'eau. Il s'agit de la demande chimique en oxygène, des matières en suspension, du phosphore, de l'azote, des sels solubles et des matières inhibitrices mesurées en effectuant des tests de toxicité sur daphnies. Un gros effort est effectué pour abaisser la valeur de cet indice. C'est ainsi qu'il a été ramené en 1996, dans 39 usines du groupe Elf Altochem, à une valeur estimée à 21 par rapport à une base 100 établie en 1984[1].

Les risques encourus tant au niveau des écosystèmes que de la santé humaine nécessitent la mise en place de réseaux d'alerte susceptible de réagir en cas d'accident et de surveiller l'évolution des pollutions chroniques.

Pour faciliter la surveillance et quelle que soit l'origine des pollutions, la qualité de l'eau fait l'objet, en France, d'un classement en fonction de différents critères physico-chimiques et biologiques.

1. Elf Altochem, rapport environnement, 1996.

Cinq classes ont été ainsi définies.

Classes	Usages possibles
1 A : excellente	Tous usages.
1 B : bonne	Eaux potables, industries alimentaire, abreuvage des animaux, baignade, le poisson vit et se reproduit normalement.
2 : moyenne	Eau potable, loisirs si contact exceptionnel avec l'eau, irrigation, eau industrielle, le poisson vit mais sa reproduction peut être aléatoire.
3 : médiocre	Irrigation, eau de refroidissement pour l'industrie, navigation, la survie des poissons est aléatoire.
HC : hors classe	Navigation.

IV. — **Le tour de France des pollutions**

En utilisant un document réalisé en 1996 par l'Institut français de l'environnement[1], il est possible de survoler notre pays, région par région, pour faire le point sur la pollution des eaux due aux activités agricoles et industrielles.

En particulier des données datées de 1981 et 1991 permettent d'évaluer l'évolution de cette pollution.

Pour avoir un élément de comparaison précisons que durant ces dix années l'industrie, au niveau national, a vu ses rejets en matières oxydables diminuer de 22 % et les rejets toxiques ont également baissé de 39 %. Par contre, les pollutions d'origine agricole sont globalement en hausse.

Si nous commençons par le Nord - Pas-de-Calais, nous

1. *L'environnement en France. Approche régionale,* La Découverte, 1996.

observons une qualité de l'eau « généralement médiocre ». Les rivières ont des débits peu importants et les trois quarts des besoins de la région sont couverts par des nappes souterraines exposées aux pollutions. Les risques provenant d'anciens sites industriels ne sont pas négligeables. Par contre, on peut estimer que les effluents industriels sont actuellement épurés à 75 % contre moins de 10 % en 1968. En Picardie, les eaux souterraines sont polluées par les nitrates ; or il s'agit de la ressource principale de la région. Les cours d'eau y sont de qualité médiocre. Azote, phosphore, pesticides et métaux lourds s'y retrouvent en quantités croissantes.

En Haute-Normandie, la qualité de l'eau est « trop souvent mauvaise ». Les rejets des industries représentent une source importante d'éléments polluants. Ils sont cependant en régression et le résultat est meilleur que la moyenne nationale puisqu'on estime la baisse des matières oxydables à 34 % et celle des matières toxiques à 58 %. Les ressources en eau domestique sont essentiellement souterraines et le problème le plus fréquent est celui de la turbidité qui rend l'eau impropre à la consommation de manière momentanée.

En Basse-Normandie, les eaux superficielles sont d'une qualité « assez moyenne ». Une comparaison de la qualité des rivières entre 1989 et 1993 montre une dégradation évidente. D'autre part, les eaux souterraines sont très contaminées surtout dans les zones de culture intensive où les teneurs en nitrate sont très élevées. De même, les pesticides commencent à atteindre des concentrations inacceptables. En Bretagne, la qualité de l'eau est « très préoccupante ». On peut dire que la situation s'améliore en ce qui concerne la pollution industrielle et urbaine, mais celle provenant des activités agricoles ne fait que croître. Les nitrates, les phosphates et les pesticides rendent la consommation de l'eau distribuée de plus en plus problématique. On assiste déjà à des situations conflictuelles dont on peut affirmer l'extension au cours des prochaines années. Dans les Pays de la Loire, la qualité des eaux de rivières est « plutôt » médiocre et s'est dégradée entre 1989 et 1993. Les rejets de matières oxydables d'origine industrielle ne baissent pas. Ils sont restés au même niveau entre 1981 et 1991 ; la baisse des rejets toxiques a été inférieure à la moyenne nationale.

En Poitou-Charente, la qualité des eaux qui était assez satisfaisante s'est dégradée. Les rejets de matières oxydables restent faibles mais en croissance de 8 % entre 1981 et 1991. Les rejets toxiques sont en baisse mais légèrement moins que la moyenne nationale.

L'Aquitaine a vu la qualité de ses eaux douces superficielles se dégrader entre les deux années de référence nationale. Les rejets de matières oxydables n'ont baissé que de 5 % alors que les matières toxiques augmentaient de 5 %. Les industries chimiques et les usines de pâte à papier ainsi que l'agro-alimentaire sont les principales responsables de la pollution organique. Bien entendu l'agriculture apporte ses pollutions classiques aggravées, ici comme ailleurs, par l'arasement des haies qui ne jouent plus le rôle de retenue des eaux qui pourrait être le leur.

Dans la région Midi-Pyrénées, on rencontre des eaux superficielles de « qualité médiocre ». Les nitrates et les pesticides agricoles doivent être incriminés. Les étiages sévères, dus en partie à l'irrigation intensive, accentuent cette pollution. Tout n'est pas non plus parfait au niveau des pollutions industrielles qui se localisent essentiellement en une vingtaine de points noirs. Certains rejets toxiques de métaux lourds proviennent d'exploitations minières qui ont cessé leurs activités.

En Languedoc-Roussillon, on observe que la région est relativement peu touchée par les pollutions agricoles classiques, bien que les nitrates commencent à atteindre des valeurs élevées dans les eaux souterraines. Par contre, le problème des effluents vinicoles est devenu majeur. Dans la région ces effluents représentent 35 % de la pollution organique totale. En particulier, le niveau de demande chimique en oxygène correspond souvent à 100 fois la charge de pollution des effluents domestiques.

Dans la région Provence - Alpes - Côte d'Azur, la qualité des eaux superficielles s'améliore. Entre 1981 et 1991, on a observé une diminution de 29 % pour les matières oxydables et de 50 % pour les matières toxiques. Dans la région Rhône-Alpes, les différents rejets des industries sont en régression. Les matières oxydables ont baissé de 28 % mais les quantités en volume restent considérables avec plus de 200 t chaque jour. En ce qui concerne les toxiques, malgré une diminution de 57 %, les volumes restent encore trop importants. Les prélèvements excessifs de l'irrigation n'améliorent pas cette situation. En Auvergne, la qualité de l'eau est « bonne » dans l'ensemble surtout en ce qui concerne les eaux captées en zone de montagne. Cependant, les nappes de plaine commencent à présenter des teneurs en nitrate excessives. Du fait d'une activité industrielle peu développée, les pollutions induites ne sont pas très importantes. En Limousin, la part de l'agriculture dans la pollution est faible. Par contre, les rejets des industries agro-alimentaires sont venus s'ajouter aux quelques industries présentes. En conséquence, on a noté une légère augmentation des rejets de matières oxydables contrairement à l'évolution nationale. Dans le Centre, la qualité des eaux qu'elles soient souterraines ou de surface est devenue médiocre. Nitrates et pesticides polluent la ressource ce qui oblige à forer plus profondément mais cette solution n'a certainement pas d'avenir. En Bourgogne, l'eau potable est en très grande partie d'origine souterraine. Qu'il s'agisse des aquifères, des plateaux calcaires ou des nappes des vallées alluviales, on note une grande vulnérabilité aux pollutions de différentes origines. En Franche-Comté, le problème le plus important est dû à la mauvaise qualité bactériologique. Cet état de fait est lié à la nature karstique des terrains contenant les aquifères qui sont très vulnérables. En Alsace, on se trouve en face du plus grand réservoir d'eau potable d'Europe, constitué par la nappe du fossé rhénan. Malheureusement cette nappe est très menacée du fait de la faible épaisseur de son toit. Nitrates et pesticides d'origine agricole, chlorures et solvants chlorés liés aux activités minières et industrielles apparaissent en densités croissantes. La Lorraine possède des eaux superficielles relativement peu satisfaisantes. En particulier la contamination par les métaux lourds est loin d'être négligeable. les eaux souterraines sont soumises à une exploitation considérable et de nombreuses pollutions d'origine industrielle altèrent sa qualité. En Champagne-Ardennes, nous assistons à une forte dégradation des cours d'eau même si la qualité des eaux superficielles reste souvent bonne. La pollution d'origine industrielle tend à augmenter, qu'il s'agisse du secteur agro-alimentaire, de la métallurgie ou de l'industrie papetière. Contrairement à la tendance nationale les rejets de matières oxydables ont été en augmentation entre 1981 et 1991 et les rejets toxiques n'ont que très faiblement diminué. Enfin, l'Ile-de-France est, bien entendu, confrontée à une consommation croissante qui n'est pas seulement domestique mais aussi agricole ou industrielle. Les eaux de surface malgré leurs qualités médiocres sont largement utilisées grâce à des traitements importants. Une partie de l'eau provient de sources situées à grande distance, souvent hors de la région.

Ce tour de France, convenons en, n'est pas satisfaisant. Malgré une amélioration globale des rejets industriels il reste des points noirs et surtout, presque partout, on constate une augmentation constante des teneurs en nitrates et en pesticides d'origine agricole. Cette situation ne pourra certainement pas continuer à être acceptée.

Rappelons, aussi, qu'à côté des pollutions que nous venons de passer en revue, les effluents domestiques viennent noircir le tableau ; nous en reparlerons.

Enfin, il ne faudrait pas oublier que l'eau d'un

fleuve se jette dans la mer et les eaux douces polluées peuvent créer des situations critiques, aussi bien dans les estuaires que dans des mers peu profondes et plus ou moins fermées.

C'est ce qui se passe en Baltique, où depuis quelques années on assiste à la prolifération d'algues toxiques.

V. — **L'eau et les milieux humides, supports de vie ; leur exploitation**

Les fleuves et les rivières, les lacs, les étangs, les marais et autres zones humides jouent un rôle éminent dans l'économie de notre planète, rôle que, dans un certain nombre de cas, nous commençons à peine à découvrir.

Sur le plan quantitatif, il est facile de s'accorder sur les surfaces occupées en France par les lacs, 50 000 ha, par les retenues, 37 500 ha et les étangs, au moins 120 000 ha. Pour l'ensemble des ruisseaux, rivières, fleuves et canaux, on retient un peu plus de 270 000 km ou environ 129 000 ha.

En ce qui concerne les zones humides nous serons moins précis. Même si on estime généralement qu'il s'agit d'une surface de l'ordre de 1,5 million d'hectares. Ces milieux disparaissent d'ailleurs au rythme de 10 000 ha par an malgré tous les discours officiels concernant leur intérêt.

Estimations des disparitions de zones humides

Pays-Bas	55 %	1950-1985
Allemagne	57 %	1950-1985
Espagne	60 %	1948-1990
Grèce	63 %	1920-1991
Italie	66 %	1938-1984
France	67 %	1900-1995

La situation est d'ailleurs comparable dans tous les pays d'Europe comme en témoigne le tableau ci-dessous, en remarquant cependant que les périodes étudiées ne sont pas les mêmes d'un pays à l'autre.

La description et la classification de ces milieux particuliers ont donné lieu à de nombreux travaux. Les uns ont une orientation scientifique mais d'autres cherchent à faciliter la mise en œuvre des différentes mesures légales concernant l'eau et les milieux où elle joue un rôle important.

Cet effort de classification est loin d'être toujours serein et dénué d'arrières pensées. Ainsi aux États-Unis une vive bataille oppose l'Académie des sciences ainsi que les écologues scientifiques à une partie de l'administration et des parlementaires[1]. Les deux parties proposent des définitions très différentes des zones humides. Quand on sait que la définition restrictive diminue de manière considérable les surfaces protégées contre l'urbanisation ou autres modifications radicales, on peut comprendre l'intensité de ces combats.

Les eaux courantes, permanentes ou non, ne posent guère de problèmes difficiles. Les différentes définitions basées souvent sur les peuplements en poissons et autres formes de vie animales sont facilement compatibles. Il en est de même pour les lacs et les étangs permanents où, en général, on utilisera des critères liés à l'importance des éléments nutritifs présents dans l'eau.

Les difficultés commencent quand on s'intéresse à l'ensemble des milieux humides.

Parmi les différentes définitions on peut retenir celle de la loi française sur l'eau de 1992 : « On entend par zone humide les terrains, exploités ou

1. J. Alper, War over the Wetlands, 1043-1044, *Science,* 21 août 1992.

non, habituellement inondés ou gorgés d'eau douce, salée ou saumâtre de façon permanente ou temporaire. La végétation, quand elle existe, est dominée par les plantes hygrophiles pendant au moins une partie de l'année. »

Ces zones ne comprennent donc pas les étendues d'eau libre permanente et profonde pas plus que les eaux courantes et portent les noms les plus divers : marais, marécages, fondrières, tourbières, roselières, ripisylve, etc.

Les étangs, selon leurs dimensions et leurs profondeurs, sont classés se manière différente[1].

L'intention du législateur et de ses conseillers techniques a été de souligner l'importance de zones souvent peu estimées et de leur donner un statut particulier équivalent à celui attribué depuis longtemps aux lacs et aux fleuves.

Il paraît d'ailleurs important de mesurer le chemin parcouru dans ce domaine. Au XVIIIe siècle, la condamnation des zones humides pour des raisons d'hygiène était une vérité évidente pour les esprits éclairés. Dans le *Cours complet d'agriculture* de l'abbé Rozier, publié en 1793, on lit ces lignes édifiantes : « On sait que la plaine du Forez est couverte d'étangs ; il n'est donc pas étonnant que les malheureux habitants de cette contrée soient pendant neuf mois de l'année réduits à l'inaction et à un état langoureux et languissant... les villages situés près des étangs ou sous leurs vents ressemblent à des hôpitaux, on n'y voit que spectres se traîner. La suppression des étangs est indispensable ; le salut de la masse y est attaché. » Le préfet de l'Indre va plus loin en 1805. Après avoir décrit les souffrances des hommes il n'hésite pas à écrire dans un rapport à l'empereur concernant la région des étangs de la Brenne : « Les animaux sont, dans cette contrée, d'une petite et faible complexion ; ils sont rachitiques et peu vivaces... L'herbe est courte et aigre ; les arbres, les arbrisseaux y sont rabougris... La nature elle même semble souffrir ; elle semble consternée. »

Bien entendu, il ne faut pas oublier que le paludisme, lié à la

1. G. Barnaud, Définition des zones humides et enjeux politiques, *Zones humides infos*, 10, 8 septembre 1995.

La pêche professionnelle en Loire est sur le déclin (Photo J. Lecomte).

La pisciculture d'eau douce représente une ressource alimentaire importante en Chine (Photo J. Lecomte).

sous-nutrition, était présent en France et n'a totalement disparu que vers 1950, mais la passion du drainage, de l'assèchement, voire de l'assainissement, est restée très vivace chez les aménageurs.

Il faut donc se féliciter de cette volonté nouvelle du législateur qui est d'ailleurs d'autant plus légitime que l'ensemble des systèmes aquatiques fonctionne comme un tout et recèle une richesse considérable au niveau de la biodiversité[1].

Celle-ci se rencontre dans les milieux les plus extrêmes, surtout si on tient compte des milieux marins. On vient de découvrir une bactérie vivant dans des sources chaudes atteignant 113 °C par des fonds de plus de 3 500 m au sud-ouest des Açores. De même, dans les eaux très salées de la mer Morte et d'autres lieux, atteignant presque dix fois la concentration en sel rencontrée en mer, on trouve des bactéries et des algues qui semblent prospérer.

En ce qui concerne les eaux douces, elle s'étend des innombrables micro-organismes et invertébrés jusqu'aux plantes supérieures, aux oiseaux et aux mammifères, sans oublier les poissons.

Une grande partie de cette richesse reste encore à découvrir ainsi d'ailleurs que son organisation au sein des écosystèmes aquatiques.

Une partie de la biodiversité est exploitée, roseaux, phragmites sont des matières premières utilisées dans de nombreux cas. De même, le bois produit dans ces zones est souvent l'objet d'exploitations importantes. Aux États-Unis, il existe environ 30 millions d'hectares d'espaces humides boisés. Les animaux à fourrure liés à la présence de l'eau ne sont plus guère exploités en Europe de l'Ouest mais cela n'est pas vrai partout. Par exemple, aux États-Unis, en 1976, les fourrures

1. C. Lévêque, *La biodiversité,* PUF, « Que sais-je ? », 1997.

en provenance d'espèces aquatiques représentaient encore environ 35 millions de dollars. La chasse aux oiseaux d'eau est une activité de loisir en Europe mais il n'en a pas toujours été de même, et pendant longtemps ces espèces ont constitué une ressource alimentaire non négligeable.

Les résultats de la pêche commerciale en eau douce se situent aux environs de 7 millions de tonnes, contre environ 110 millions en mer, en comptant l'ensemble des êtres vivants. En France, il ne reste que 1 500 pêcheurs professionnels ayant seuls le droit de vendre leurs prises. On rencontre ces pêcheurs principalement sur les grands fleuves et les lacs importants.

Les populations de poissons sont, en France, sous haute surveillance. Sur les quelque 80 espèces connues dont 24 ont été introduites, 25 sont considérées comme menacées.

Le saumon, les deux aloses, l'esturgeon et l'apron ont été victimes de la dégradation des milieux qu'ils fréquentent. Ils peuvent être considérés comme des espèces indicatrices. Les obstacles à la circulation lors des migrations, l'inaccessibilité des frayères sont de plus très durement ressentis par le saumon et les aloses. L'esturgeon, autrefois répandu dans tous les fleuves français, subsiste difficilement dans la Garonne. Faute d'espérer la reconstitution naturelle des populations de cette espèce, un programme de reproduction en élevage a été initié. Mais contrairement aux truites ou aux saumons cet élevage est difficile et ce n'est qu'en 1994 que les premiers alevinages ont pu commencer. Une autre espèce, l'apron, petit poisson du bassin du Rhône, qui n'intéresse pas les pêcheurs, pourrait disparaître sans bruit si les scientifiques ne surveillaient pas leurs populations en forte régression.

Mais, en dehors de l'altération des milieux, un des

grands dangers qui menacent les poissons est constitué par les introductions irraisonnées d'espèces étrangères.

L'exemple le plus souvent cité est celui des effets de l'introduction des perches du Nil dans le lac Victoria, en Afrique. Ce lac était peuplé de 160 espèces différentes de petits poissons n'excédant pas 5 cm, faisant l'objet d'une pêche assidue puis consommés après avoir été séchés au soleil. Par ailleurs, pour les spécialistes de l'évolution, ces espèces différenciées dans un milieu fermé d'âge bien connu constituaient un sujet d'étude du plus grand intérêt. En commençant par des bassins fermés, puis dans le lac lui-même, on a donc introduit la perche du Nil dans l'espoir de créer une population exploitable de gros poissons. Les résultats n'ont pas été très satisfaisants. Sur le plan scientifique la disparition totale de plusieurs dizaines d'espèces a été mal ressentie. Les perches ont prospéré mais comme il faut plusieurs kilogrammes de petits poissons pour obtenir un seul kilogramme de carnassier la production globale est bien plus faible qu'auparavant. Si on ajoute que les petits poissons séchaient facilement au soleil alors qu'il faut un feu de bois pour sécher les grosses perches – d'où déboisement rapide des berges – et si on observe par ailleurs la dégradation rapide de la qualité des eaux du lac, on peut légitimement penser que cette introduction a été une erreur[1].

La surveillance des organismes introduits volontairement ou plus ou moins spontanément est d'ailleurs une tâche sans fin de même que l'évaluation des impacts liés à ces invasions.

C'est ainsi que l'on suit actuellement avec attention dans le bassin de la Moselle la progression d'une palourde asiatique et d'un amphipode venu du bassin de la Caspienne. Ce dernier peut avoir un impact non négligeable sur les macro-invertébrés benthiques tandis que la palourde, qui a été également repérée dans le Sud-Ouest, obstrue volontiers les conduites dans lesquelles elle s'installe[2].

La gestion de l'eau, prenons-en conscience, néces-

1. F. Witte *et al.*, Species extinction and concomitant ecological changes in Lake Victoria, *Netherlands j. of Zoology,* 1992, p. 214-232.
2. V. Bachan *et al.*, *Hydroécologie appliquée,* vol. 2, 1995, p. 185-190.

site aussi une saine gestion ou même une protection absolue des êtres vivants qu'elle abrite.

Parfois, d'ailleurs, l'existence de ces organismes n'est connue que des spécialistes.

Parmi les animaux peuplant les milieux aquatiques on évoque rarement ceux qui se rencontrent dans les eaux souterraines.

Leur diversité est pourtant remarquable. On connaît ainsi dans les rivières souterraines de Slovénie et de Croatie un amphibien particulier, dépigmenté et aveugle : le protée.

Autre curiosité, dans des sources thermales dont la température atteint en permanence 28 °C, on peut rencontrer en Europe centrale des mollusques et des crustacés bien différents de ceux qui se rencontrent en surface.

Par ailleurs, la plupart des grands fleuves possèdent un fond de lit constitué de galets, de graviers ou de sable.

Dans ces matériaux, s'ils ont été respectés par les extractions, heureusement interdites maintenant, coule un autre fleuve. A partir de quelques dizaines de centimètres de profondeur ce courant caché abrite une faune bien différente. On y rencontre de nombreuses espèces originales : vers, mollusques et crustacés.

D'autre part, l'étude de la faune des puits nous réserve des surprises. On y rencontre des représentants de la faune des grandes nappes alluviales. Mollusques et crustacés sont bien représentés. En particulier, on y trouve de nombreuses espèces de crustacés dont certaines ont une aire de distribution très réduite. On peut encore espérer faire des découvertes dans ce domaine puisqu'en 1988, en France, on a découvert non pas simplement une espèce ou un genre, mais une famille nouvelle. Il n'est pas besoin de préciser que ce genre d'événement est devenu rare dans notre pays.

En dehors de cette vie sauvage si riche, dont nous n'avons fait qu'effleurer l'étude, il faut aussi considérer les êtres vivants qui font l'objet d'élevages.

On doit admettre que l'aquaculture d'eau douce est en plein essor.

Parfois elle transforme en poisson de valeur économique élevée des matières alimentaires de moindre valeur, c'est le cas des élevages de truite arc-en-ciel ou du poisson-chat aux États-Unis. Parfois il s'agit d'élevages qui ne nécessitent que peu d'apports extérieurs. On peut ainsi obtenir des productions de protéines animales très supérieures par unité de surface à celles obtenues en milieu terrestre.

La pisciculture chinoise en eaux closes obtient souvent plus de 10 t de carpes herbivores par hectare.

En France, la production intensive de truites dépasse 40 000 t tandis que les piscicultures extensives d'étang, qui occupent 70 000 à 80 000 ha, ne produisent que 9 500 t de poisson de consommation en années favorables.

Bien entendu les piscicultures intensives en eaux courantes constituent des occasions de conflits assez sérieux.

Le détournement d'une partie importante du débit peut nuire à la rivière sur une distance parfois considérable.

La pollution due à la nourriture non consommée et aux produits d'excrétion des poissons, le réchauffement de l'eau, les antibiotiques et les autres agents thérapeutiques peuvent compromettre gravement l'équilibre d'un cours d'eau. Étant donné les quantités d'antibiotiques souvent utilisées, on peut redouter l'apparition de souches microbiennes qui présenteraient des résistances transmissibles. Les agents pathogènes issus de l'élevage peuvent aussi devenir des nuisances par rapport aux organismes vivant dans le milieu naturel.

Il ne faudrait pas, par ailleurs, oublier le rôle essentiel joué par la végétation aquatique vis-à-vis de la faune et de la qualité même des écosystèmes. Ces plantes constituent un substrat pour la fixation de divers invertébrés, elles représentent des sources indirectes ou directes de nourriture pour de nombreux animaux. Ce sont des frayères et des abris pour différentes espèces de poisson.

De même que dans le cas de la faune, l'invasion des cours d'eau par des plantes d'origine étrangère peut avoir des conséquences déplorables. En France, il semble que les étangs landais soient particulièrement sensibles à ces invasions[1].

Mais la découverte des dernières décennies est bien la valeur écologique intrinsèque des zones humides et la nécessité de ne pas les séparer des eaux courantes ou profondes quand il s'agit de faire une évaluation économique. En particulier les zones humides situées en bordure d'une rivière jouent des rôles extraordinairement importants. On peut citer la réduction des crues, le relargage d'eau en période de sécheresse, la recharge des nappes phréatiques. Mais aussi on constate que ces mêmes zones humides piègent des sédiments qui seraient autrement entraînés jusqu'à la mer et qu'ils jouent un rôle essentiel de filtre entre les sources de pollution et la rivière.

Si on ajoute à cela que bien des organismes aquatiques se reproduisent de préférence hors de la rivière, dans ces différentes zones humides, on conçoit que l'on puisse considérer leur disparition accélérée comme une catastrophe.

1. A. Dutartre J., Oyarzabal, Gestion des plantes aquatiques dans les lacs et les étangs landais, *Hydroécologie appliquée,* 1993, p. 43-60.

La valeur des zones humides, ici la Camargue, est maintenant reconnue (Photo J. Lecomte).

Un barrage, comme celui de Tignes, peut s'inscrire harmonieusement dans le paysage (Photo EDF).

Depuis quelques années, il semble que les politiques publiques relatives aux zones humides aient changé de cap. Il est devenu urgent, déclare-t-on, de reconnaître le rôle d'infrastructures naturelles des zones humides et de leur en conférer le statut. Les services rendus à la collectivité sont ainsi reconnus. Aux anciennes préoccupations d'assèchement prioritaire se substituent les préoccupations de protection et d'intégration fonctionnelle lors de l'aménagement du territoire.

Les services rendus peuvent d'ailleurs, dans certains cas, faire l'objet d'évaluations économiques qui nous donnent au moins des ordres de grandeur propres à faire réfléchir.

Par exemple, le fait d'avoir isolé un marais de 750 ha de la Vire est la cause directe de l'inondation d'une vingtaine de maisons à Saint-Fromond dans la Manche ainsi que de dégâts importants au réseau routier.

L'ensemble des dégâts, sans parler du préjudice moral, se monte à environ 150 000 F en moyenne chaque année. La reconnexion du marais, qui n'apporterait aucun préjudice, représenterait donc un service rendu de l'ordre de 200 F par hectare et par an.

Dans le cas de la Bassée, élargissement du lit majeur de la seine entre Nogent-sur-Seine et Montereau, on constate l'existence d'une zone de débordement de 6 500 ha dont la capacité de stockage naturel correspond à 65 millions de mètres cubes.

A partir du coût des grands barrages réservoirs du bassin de la Seine, déjà réalisés ou en projet, on aboutit à une valeur de remplacement éventuel du rôle joué par la Bassée d'un montant situé entre 650 millions et 2 milliards de francs. En ce qui concerne la prévention des dommages directs, on estime qu'au cours de la crue de 1955, la Bassée a permis d'éviter 396 millions de francs de dégâts. Dans le cas d'une crue de cette importance, sans rappeler celle de 1910, on constate que le service rendu est de l'ordre de 70 000 F/ha[1].

VI. — L'eau douce, moyen de transport

L'eau est un moyen de transport utilisé depuis des temps immémoriaux, et si le rôle de l'eau douce ne peut se comparer dans ce domaine à celui de la mer, il reste tout de même très important.

On compte plus de 40 000 km de voies navigables en Europe en excluant les pays de l'ex-Union soviétique et 137 500 dans ces derniers. On y rencontre notamment le canal de la Volga à la Baltique qui est long de 2 300 km.

Aux États-Unis, il existe également un réseau important d'environ 41 000 km.

Le fleuve navigable le plus important est l'Amazone avec 3 598 km accessibles à des navires de tonnages importants.

Les grands lacs de l'ensemble de la planète font aussi l'objet d'un trafic intense.

En France, la part jouée par le transport par voie d'eau est relativement réduite. En 1990, le trafic par route de marchandises était estimé à 119 milliards de tonnes par kilomètre. Par le rail, il était de 52 milliards de tonnes par kilomètre et, en ce qui concerne l'eau, seulement de 7,9 milliards de tonnes par kilomètre. Cette importance a d'ailleurs tendance à décroître.

Il s'agit seulement d'un peu plus de 3 % du tonnage transporté, tous moyens confondus. En Allemagne,

1. Les évaluations économiques dans les zones humides, *Zones humides infos*, 4e trimestre 1994.

on atteint 19 % et aux Pays-Bas 54,8 %. Par contre, ce moyen de transport est peu important en Grande-Bretagne et en Italie où il ne représente que 0,1 %.

Ce mode de transport est cependant très économique par rapport au rail et surtout à la route. On peut lui reprocher sa lenteur. Les vitesses ne dépassent jamais 25 km/h sur les fleuves et sont toujours limitées à 10 km/h sur les canaux.

Bien entendu cet usage de l'eau peut être source de conflits. Ceux-ci apparaissent déjà au moment de la construction des canaux. On en connaît, en France, un exemple avec le projet de liaison Rhin-Saône. Il faut dire que les conséquences sociales, écologiques et paysagères de ce projet et certaines incertitudes économiques inquiétantes ne constituaient pas un encouragement. Il ne faudrait pas pourtant penser qu'on ne construira plus de grands canaux en France. Un projet concernant la liaison de la Seine, par l'Oise, au réseau du Nord fait au contraire l'unanimité.

Nous verrons d'autres exemples de conflits potentiels au moment de parler de la navigation de plaisance.

VII. — La production d'énergie, les barrages

L'énergie fournie par une différence de niveau naturelle ou artificielle est exploitée depuis très longtemps.

La vitesse du courant, sans doute exploitée pour la première fois par les Romains pour faire fonctionner des moulins, n'est d'ailleurs que la conséquence d'une différence de niveau.

Des moulins d'un type peu différent existent encore dans de nombreux pays, y compris en France.

En ce qui concerne la production d'électricité on peut distinguer plusieurs types d'aménagements :

Les aménagements de hautes chutes utilisent des débits souvent faibles mais de très importantes différences de niveau. L'eau est emmagasinée en altitude, dirigée par des canaux, des galeries et des conduites forcées vers des turbines entraînant un alternateur. Un débit de 1 m^3/s sous une chute de 1 200 m produit environ 10 000 kW.

Les aménagements de moyennes ou basses chutes qui ne disposent pas d'importantes différences de niveau doivent par contre disposer de débits importants.

Les barrages permettent à la fois de créer une chute et de stocker de l'eau permettant de pallier l'irrégularité des précipitations.

Bien entendu tous ces ouvrages, dont l'utilité générale n'est pas discutable, présentent des inconvénients aux yeux des différents usagers de l'eau.

L'aspect paysager peut, dans le cas des barrages, être sujet à controverse. Les plans d'eau ainsi créés peuvent avoir des partisans mais les conduites forcées, qui souvent ont remplacé des cascades impressionnantes, ne peuvent y prétendre.

En dehors de ces aspects esthétiques, qui sont sujets à différentes appréciations, on peut aussi analyser les principaux impacts d'un barrage.

A l'amont de l'ouvrage, le cours d'eau barré est dans une large mesure coupé de son cours situé en aval mais le plan d'eau créé peut présenter bien des inconvénients. Le marnage crée des zones relativement incompatibles avec bien des formes de vie aquatique. De même l'accumulation de substances fertilisantes peut provoquer des dysfonctionnements sérieux de l'écosystème.

Une étude récente effectuée en Suède met en évidence l'impact à long terme sur la biodiversité rencontrée sur les rives du lac de retenue et sur celles de la rivière en aval. L'étude a porté sur la végétation mais on sait qu'un appauvrissement de la biodiversité végétale entraîne obligatoirement un appauvrissement de la biodiversité animale. Selon l'étude en question[1] après la fermeture du barrage on observe un appauvrissement

1. Nilsson *et al.*, Long term responses of river-margin vegetation to water-level regulation, *Science*, 2 mai 1997.

de la flore des rives du lac de retenue, cet appauvrissement se maintient par la suite. Sur les rives de la rivière une partie des communautés floristiques se détériorent défensivement tandis que d'autres retrouvent un état comparable à celui que l'on observe sur des rivières dépourvues de barrages.

Au niveau de l'ouvrage la coupure ainsi créée nuit gravement à la libre circulation d'espèces migratrices dont le saumon, les aloses et l'esturgeon sont de bons exemples.

Mais des espèces plus sédentaires, comme le brochet, peuvent ne plus avoir accès à des zones de reproduction, et de toute manière les échanges de matériel génétique sont compromis. Les mammifères aquatiques comme la loutre et le castor sont également touchés.

Bien sûr on peut pallier certains de ces inconvénients en équipant les barrages de dispositifs de franchissement, échelles à poisson ou ascenseurs dans le cas de différences de niveau très importantes, comme à Golfech sur la Garonne. Ce dispositif a permis le passage de nombreuses espèces : lamproie, saumon, truite de mer, anguille et grande alose. En ce qui concerne cette dernière, on a pu observer un passage annuel de 8 400 individus qui se sont reproduits sur les frayères désertées de l'amont[1]. Cependant, tous ces dispositifs ne donnent pas toujours entière satisfaction. Il suffit de regarder une carte d'un grand bassin sur laquelle les obstacles sont répertoriés en trois rubriques – franchissables, difficilement franchissables et infranchissables – pour constater l'importance considérable du domaine d'où l'on a proscrit les migrateurs.

En outre, des résultats désastreux ont été constatés dans certains pays tropicaux où les poissons migrateurs semblent moins agiles que les truites et les saumons.

Un barrage de 17 m de hauteur sur la rivière Mool, un affluent du Mékong, a été ainsi équipé. On a construit un escalier à poisson adapté aux poissons d'Europe ou d'Amérique du Nord sous l'œil dubitatif des pêcheurs Thaï. Les événements leur donnèrent malheureusement raison et on estime généralement qu'après le blocage du flux migratoire environ 5 000 familles ont perdu la quasi-totalité de leurs ressources.

Malgré cet exemple fâcheux, de gigantesques projets, destinés à installer une série de barrages hydroélectriques sur le Mékong, sont à l'étude sans qu'on puisse dire que l'avenir des peuplements de poisson soit sérieusement pris en compte. Pourtant, il semble que des solutions basées sur des canaux latéraux à pentes relativement faibles pourraient être utilisées.

Par ailleurs, vers l'aval, l'interruption de la migration des

1. A. Belaud et R. Labat, *Hydrécologie appliquée,* 4, 1992, p. 65-89.

sédiments ou, au contraire, l'arrivée subite des matières en suspension lors des vidanges ont des conséquences qui se prolongent sur de longues distances. En juin 1976, la vidange de l'ouvrage de Génissiat sur le Rhône a provoqué une mortalité de poissons évaluée à 200 t.

Or, pour des raisons de sécurité, il est imposé de vidanger les retenues à intervalles réguliers pour procéder à des vérifications et à des travaux d'entretien. De même, les modifications dans le régime des eaux ne sont pas sans inconvénients. La gestion de l'eau impose des vidanges dont l'impact sur le milieu et la vie aquatique est loin d'être négligeable. Il faut aussi se souvenir que la brusque montée des eaux peut présenter une menace pour des vies humaines malgré les avertissements réglementaires.

En ce qui concerne le blocage des sédiments en amont d'un barrage, des recherches très récentes effectuées sur le Danube montrent qu'on peut sous-estimer grossièrement son impact. Le très mauvais état actuel de la mer Noire, où l'on constate de redoutables proliférations d'algues toxiques, semble pouvoir être imputé au barrage des gorges de fer construit en 1972 entre les rives roumaines et serbes du Danube. Ce barrage retiendrait, en particulier, quelque 12 millions de tonnes de silicates qui sont indispensables aux diatomées. Ces petites algues qui jouaient un rôle important dans l'équilibre de la mer Noire ne peuvent proliférer et cèdent la place aux espèces toxiques par ailleurs favorisées par les apports en nitrates et en phosphates d'origine agricole ou domestique. Les apports, moins importants du Dniepr et du Dniestr ont d'ailleurs été également réduits par leurs propres barrages[1].

Cette accumulation de sédiments est d'ailleurs fatale, à terme, pour les barrages puisqu'elle diminue le volume de la retenue d'eau. Ce processus peut, dans certaines conditions, être extrêmement rapide. La perte de capacité atteint 2 à 3 % par an en Algérie où la durée de vie d'un réservoir de capacité moyenne varie entre trente et cinquante ans. Au Maroc, on estime que 50 % de la capacité des réservoirs construits avant 1988 auront disparu en 2050.

Bien entendu, dans certaines conditions, pas toujours réunies, il est possible de déclencher des chasses d'eau destinées à évacuer les sédiments. Ces opérations ne sont pas sans conséquences sur l'environnement.

Enfin, dans certains cas, en particulier celui des ouvrages établis sur des bassins forestiers en pays tropicaux, la qualité de l'eau dans le bassin de retenue et dans la rivière en aval pose

1. D. Mac Kenzie, *New scientist,* 25 mars 1997.

aussi de nombreux problèmes difficiles à résoudre de manière tout à fait satisfaisante.

On peut aussi signaler les pertes d'eau très importantes dues à l'évaporation sous certains climats. On estime celle du barrage d'Assouan à 10 milliards de mètres cubes par an. En Algérie, la baisse de niveau d'une retenue du fait de l'évaporation est comprise entre 1,3 et 2,2 m/an.

Dans tous ces cas, un bilan entre les avantages attendus sous forme de production énergétique et les inconvénients pour l'environnement doit être effectué. De même, tout doit être mis en œuvre pour tenter de minimiser les inconvénients du barrage malgré le coût des opérations envisageables.

Une des mesures les plus importantes pour la sauvegarde de l'environnement est l'instauration du « Débit réservé ». Cette mesure ne concerne d'ailleurs pas seulement les barrages destinés à produire de l'énergie mais tous les prélèvements ou interruptions de débits avec ou sans restitution. Par exemple, on peut citer les prises d'eau à usage domestique, celles concernant l'irrigation et les piscicultures ou le maintien en eau des canaux.

En ce qui concerne le « Débit réservé », celui-ci est fixé par la loi au dixième du « Module » le quarantième étant admis pour les ouvrages antérieurs à 1984 et le vingtième exceptionnellement pour des cours d'eau importants.

Il est donc primordial de définir le « Module ». Il s'agit du débit moyen interannuel d'un cours d'eau ce qui implique que nous disposons d'une série de mesures adéquates. Il s'agit, notons-le, de quelque chose de bien différent de l'étiage qui est le débit le plus faible observé dans une rivière. Cette dernière notion est en fait assez floue si on ne précise pas combien d'années de mesures sont nécessaires pour obtenir une valeur sûre.

Quoi qu'il en soit, en principe, au moment où le

débit de la rivière est inférieur ou égal au débit réservé aucun prélèvement n'est possible. Quand le débit de la rivière est supérieur le prélèvement devient possible à condition de laisser un débit au moins égal au débit réservé.

L'application stricte de la loi réduirait certainement les nuisances observées mais ne les éliminerait pas entièrement. En effet, un rejet pollué ou un apport de sels nutritifs a un effet plus important par atténuation de la dilution du fait de la réduction du débit. De même, la modification de la vitesse d'écoulement peut modifier la teneur en oxygène ou favoriser la prolifération de végétaux liée à l'eutrophisation du milieu sous l'effet des sels nutritifs.

Par exemple, dans le Bas Verdon, à l'aval de la retenue de Greoux, la mauvaise dilution des apports et la réduction de la vitesse du courant sont à l'origine du développement d'un herbier créant des conditions plus favorables au poisson blanc qu'à la truite pourtant plus appréciée.

De très nombreux exemples concernant l'effet négatif de toute réduction du débit peuvent être trouvés. Rappelons cependant que tous les barrages ne sont pas édifiés dans le but de produire de l'énergie. Le plus ancien connu, sans doute destiné à constituer une réserve d'eau potable, a été construit il y a environ cinq mille ans à Jawa dans ce qui est maintenant la Jordanie.

Pour en revenir à la production d'énergie, notons qu'elle dépend également de l'eau pour le refroidissement des centrales. Il s'agit cependant d'eau comptabilisée et nous reparlerons de cet usage ultérieurement.

VIII. — **L'eau et les loisirs**

Le rôle joué par l'eau dans le domaine des loisirs est considérable. Pêche de loisir, navigation de plaisance, baignade, différents sports nautiques ou tout simplement promenade sur les rives d'une rivière ou d'un lac.

La recherche de l'eau comme élément esthétique par les constructeurs de nombreux édifices anciens ou contemporains peut aussi se ranger dans la même rubrique. On ne saurait non plus oublier l'utilisation de l'eau dans la décoration des parcs et jardins. Bassins, jets d'eau, cascades sont largement utilisés qu'il s'agisse d'un jardin privé de quelques dizaines de mètres carrés ou du parc du château de Versailles ou encore des jardins de la villa d'Este.

La pêche de loisir est pratiquée en France par environ 4 millions de pêcheurs dont 2 200 000 possédaient une carte en 1996. On est loin des chiffres atteint dans les années 1960 où les cartes distribuées frôlaient les 3 millions mais, après trente années de déclin, la tendance est à la remontée. La pêche, pendant ces années, a bien sûr évolué. Si l'on conserve le goût de la lutte contre une grosse carpe retenue par un fil le plus fin possible, les pêches au lancer ou à la mouche sont de plus en plus à l'honneur. Enfin, suivant une habitude depuis longtemps en faveur dans les pays anglo-saxons beaucoup de pêcheurs après avoir sorti de l'eau un poisson le relâchent en douceur. L'importance économique de ce loisir est considérable puisqu'en 1992 on estimait qu'une journée de pêche correspondait à une dépense variant entre 80 et 130 F pour les poissons blancs, 100 à 150 pour les salmonidés sédentaires et 150 à 350 pour les salmonidés migrateurs.

Les conflits avec les autres usagers de l'eau sont bien entendu très nombreux.

Dans certains cas, la position des pêcheurs est inattaquable, en particulier quand ceux-ci se plaignent des pollutions et de la dégradation des systèmes hydrauliques. Dans d'autres cas, il s'agit de conflits d'usage dans lesquels chacun a ses légitimités et qui nécessitent donc des concessions réciproques.

On peut ranger dans cette catégorie les relations parfois difficiles entre les pêcheurs amateurs et les professionnels, ces derniers étant accusés du déclin de certaines espèces, du saumon, par exemple. Les relations entre les pêcheurs et différents amateurs de sports nautiques ne sont pas non plus toujours au beau fixe. Il a souvent été recherché une solution en imposant diverses réglementations concernant la vitesse des bateaux à moteur, par exemple, ou en répartissant l'espace entre les sports bruyants et dérangeants, comme le ski nautique, et la pêche au coup qui réclame une certaine tranquillité.

Les inconvénients de la vitesse sont d'ailleurs parfois plus graves que le dérangement. La dégradation des rives est parfois considérable. On a montré de plus que la vague qui suit chaque bateau rejette sur la rive une quantité importante, d'organismes, d'invertébrés, d'alevins, qui ne sont pas tous capables de regagner l'élément aquatique.

Heureusement, le tourisme d'eau douce se dirige de plus en plus vers l'utilisation d'embarcations à vitesse lente.

En 1997, cette forme de navigation était pratiquée par environ 200 000 personnes dont 70 % d'étrangers.

Le réseau français de voies d'eau accessibles étant très important, il n'y aurait que des avantages à développer ces formes d'activités.

Parfois les conflits aboutissent à des résultats heureux. C'est ainsi que les lacs de barrage conçus uniquement pour la production d'énergie ont été

La navigation de plaisance, sous toutes ses formes, est en plein essor (Photo J. Lecomte).

La baignade en eau douce, ici en Guyane, est très appréciée (Photo J. Lecomte).

largement ouverts à la pratique de diverses activités de loisir. De même, la Fédération française de canoë-kayak et électricité de France définissent un programme annuel de lâcher d'eau qui permet d'organiser, en particulier, des compétitions quel que soit le débit de la rivière à l'époque choisie.

Les baignades constituent également un loisir très apprécié en eau douce mais les résultats de la surveillance des sites doivent inciter à la prudence.

L'estimation de la qualité des eaux se fait à partir d'un certain nombre de critères bactériologiques et physico-chimiques. Or, le rapport 1995 de la Commission européenne sur les eaux de baignade relève un certain nombre de résultats peu satisfaisants. En ce qui concerne les eaux intérieures européennes, 1 700 zones de baignade, soit 30 % des zones contrôlées, ne répondaient pas aux critères minimaux de qualité. Il faut cependant savoir que seules les six bilharzioses humaines des zones tropicales peuvent être l'objet de contaminations par pénétration à travers la peau. Les autres parasites, fort nombreux, ne sont contaminants que par ingestion, ce qui malheureusement est loin d'être rare au cours d'une baignade. Enfin, l'apparence de l'eau joue indiscutablement un rôle dans l'attrait qu'elle possède. Il faut cependant penser que le jugement porté est d'origine culturelle. Une enquête effectuée en Nouvelle-Zélande montre que 90 % des personnes interrogées se baignent volontiers dans une eau dont la transparence s'étend jusqu'à 2,75 m. Mais seulement 75 % acceptent une eau dont la profondeur de transparence est inférieure à 1,50 m. Que dire de nos baignades en Loire et autres rivières de plaine !

Chapitre III

L'EAU COMPTABILISÉE

Après nous être intéressé à l'eau plus ou moins libre et située dans un cadre plus ou moins naturel nous pouvons examiner ce qui touche à l'eau qui, au moins dans les pays développés, fait l'objet d'une taxation ou d'un contrôle d'usage, ce qui permet d'évaluer les volumes utilisés.

Nous disposons de nombreuses évaluations en ce domaine qui, même approximatives, donnent des ordres de grandeur intéressants.

En France, les collectivités locales, essentiellement pour des usages domestiques, prélèvent 16,7 % de cette eau comptabilisée, les besoins industriels sont évalués à 12,7 %, l'agriculture consommerait environ 12 % et le refroidissement des centrales thermiques une part importante située aux environs de 60 %.

Cette répartition varie considérablement selon les différentes saisons. La consommation de l'agriculture qui est faible en hiver peut atteindre et dépasser 50 % en été.

A l'échelle mondiale, la répartition des utilisations est très différente. L'agriculture est le plus gros consommateur avec une part évaluée à 73 % tandis qu'on ne trouve que 21 % pour l'industrie et seulement 6 % pour satisfaire les besoins en eau potable.

I. — Végétation et agriculture

La végétation naturelle et une grande partie de l'agriculture dépendent de la pluie. On parle d'ailleurs d'agriculture pluviale.

Mais, bien qu'étant pratiquée depuis des temps très reculés, l'irrigation s'est développée de manière très importante depuis quelques décennies. Cette pratique est devenue une source de richesse incontestable mais aussi une source importante de conflits.

En 1900, les surfaces irriguées sur la planète étaient sans doute légèrement inférieures à 50 millions d'hectares et la quantité d'eau utilisée était sans doute de l'ordre de 525 km^3 par an. Les prévisions pour l'an 2000 sont de 347 millions d'hectares et l'utilisation de 3 250 km^3 d'eau par an.

L'Inde avec au moins 55 millions d'hectares et la Chine avec plus de 46 millions contiennent une part importante des terres irriguées.

On peut aussi raisonner en termes de pourcentages. Au niveau mondial les terres irriguées représentent 17 % des terres cultivées mais ce pourcentage est bien plus élevé dans certains pays, 77 % au Pakistan et presque 100 % en Égypte. En France, malgré une augmentation constante, on reste aux environs de 7 % de la surface agricole utilisée.

L'eau utilisée ne l'est pas toujours de manière régulière tout au long de l'année. En France, les prélèvements se situent surtout entre juin et septembre, c'est-à-dire au moment où la ressource est à son plus faible niveau. Par contre, comme il s'agit de la période où la consommation d'énergie est la plus faible, cela permet d'utiliser les réserves d'eau constituées pour alimenter des centrales hydroélectriques.

Les aménagements de la Durance permettent ainsi

de distribuer chaque année 1 milliard de mètres cubes dans les canaux d'irrigation de la Provence.

Bien entendu, le prélèvement en tant que tel, qu'il s'agisse d'eau de surface ou d'aquifère, n'est pas sans conséquence et peut devenir une source de conflits importants.

Nous en avons connu des exemples, en France, pendant les différentes années sèches que nous avons connues. La mise à sec de ruisseaux avec des conséquences écologiques évidentes est un inconvénient notoire. On connaît ainsi le cas de la Conie, petite rivière de la Beauce qui s'assèche totalement tous les étés depuis quelques années. En effet, les prélèvements des agriculteurs producteurs de maïs ont fait baisser la nappe phréatique d'environ 1,50 m. Il ne faut pas s'étonner que les riverains réclament un plan d'irrigation raisonnable qui tienne compte des possibilités de recharge de la réserve souterraine. On peut aussi citer la fermeture saisonnière à la navigation de canaux comme celui du Midi ou des projets d'aménagements hydrauliques dans des zones sensibles comme le projet dit de Bras David dans la zone centrale du Parc national de la Guadeloupe. Tout cela mériterait d'être pris en compte pour établir un bilan de l'irrigation. De même bien des inconvénients mineurs comme l'interdiction du lavage des voitures ou de l'arrosage des jardins alors que les agriculteurs continuent à utiliser l'eau peuvent être mal ressentis. Rappelons d'ailleurs que dans la vallée de la Garonne on estime que l'irrigation de 50 ha de maïs correspond à la consommation annuelle d'une agglomération de 1 500 habitants.

Bien entendu, les remarques faites au sujet des barrages destinés à produire de l'énergie sont valables en ce qui concerne ceux permettant de faciliter l'irrigation.

Mais l'irrigation peut avoir aussi de très graves

conséquences pour l'agriculture elle-même. La plus grave de ces conséquences est l'apport de sel et donc une perte de fertilité des sols.

Toute eau dite douce qu'elle soit de surface ou souterraine est normalement légèrement salée, entre 200 et 500 ppm. Mais ces valeurs sont très souvent dépassées.

Dans les meilleures conditions, le fait d'utiliser, comme cela se pratique, 10 000 m^3 par hectare et par an apporte 2 à 3 t de sel. A cela s'ajoutent souvent d'autres substances toxiques comme le sélénium ou l'arsenic.

La présence du sel apporte irrémédiablement, surtout s'il n'y a pas de précipitations importantes à certaines époques de l'année, une stérilisation des sols qui deviennent toxiques pour un grand nombre de végétaux.

Cette stérilisation est difficilement réversible et peut être tenue responsable de nombreux cas de désertification observés depuis des époques reculées. Cinq mille ans après avoir été abandonnées, les anciennes terres agricoles de Mésopotamie, connues autrefois pour leurs richesses, sont couvertes d'une couche de sel due à l'irrigation.

Dans la basse vallée de l'Euphrate, la moitié des terres mises en culture depuis quelques années seulement est déjà devenue incultivable.

Au niveau mondial, on estime que plus de 60 millions d'hectares ont été ainsi endommagés par le sel. Une grande partie de ces terres, 20 millions d'hectares, se trouve située en Inde.

Cette présence du sel rend donc des ressources en eau importantes difficilement utilisables, sans parler de la mer elle-même. En dehors de la désalinisation, toujours très coûteuse, il est possible de tenter d'éviter le mélange entre des eaux de salinité très différentes.

par exemple la mer de Galilée est alimentée par le Jourdain qui est très faiblement salé, environ 20 mg par litre. Mais des sources parfois très fortement salées alimentent aussi le lac. Il y a vingt ans quelques sources ont pu être détournées sur la rive ouest. Cette opération a fait baisser la salinité du lac de 385 mg à 240 ce qui est encore trop pour beaucoup d'utilisations. La découverte récente de sources très salées dans le fond du lac fait naître l'espoir de trouver un moyen de les empêcher de se mélanger aux eaux plus douces provenant du Jourdain.

Par ailleurs, dans de nombreuses régions, les prélèvements effectués essentiellement en vue de l'irrigation à partir des nappes souterraines excèdent de beaucoup les capacités de renouvellement de celles-ci.

Bien entendu, il ne faut pas imaginer de vastes lacs souterrains même si on connaît des exemples de petites nappes d'eau dans des grottes comme celle du gouffre de Padirac. L'eau souterraine est le plus souvent contenue dans des interstices. Dans les calcaires fissurés les quantités d'eau ne dépassent pas 100 l par mètre cube et souvent beaucoup moins. Dans les sables ou les graviers on peut trouver jusqu'à 400 l.

Ces nappes d'eau, situées à plus ou moins grande profondeur, sont souvent qualifiées d'eaux fossiles parce qu'elles sont très peu ou pas du tout renouvelables.

En théorie, ces nappes sont reliées au cycle naturel de l'eau mais celle-ci voyage à très faible vitesse, quelques mètres par an, sur des distances considérables, parfois plusieurs centaines de kilomètres. Les flux de recharges naturelles comme celui des sorties naturelles sont toujours très faibles par rapport aux volumes d'eau stockés.

Par exemple le grand bassin artésien d'Australie

contient sans doute 2×10^{13} m^3 d'eau et la recharge ne serait que de 4×10^{-5} m^3 par an. La nappe du nord du Sahara contient 5×10^{13} m^3 et se renouvelle au rythme de seulement $1,5 \times 10^{-5}$ m^3 par an.

Dans ces conditions il ne faut pas s'étonner de voir le niveau de ces nappes baisser de manière spectaculaire quand on les exploite de manière intensive.

Au Texas, le niveau descend régulièrement de 15 cm par an sur une surface de 1,5 million d'hectares.

En Australie, le niveau de la grande nappe du bassin artésien a baissé de 120 m en quatre-vingt-trois ans.

Ce n'est d'ailleurs pas seulement la baisse du niveau de l'eau qui pose problème. Dans son état antérieur à l'exploitation ces nappes sont sous pression et à la suite d'un forage jaillissent avec force. C'est le phénomène connu sous le nom de puits artésien. Avec la baisse de pression l'eau ne jaillit plus et il faut la pomper en allant la chercher de plus en plus bas, ce qui en augmente le coût.

Dans le cas d'une utilisation intensive de ces ressources le gain réalisé par une ou deux générations se fait au détriment des générations futures. Il est alors nécessaire de faire un choix réfléchi entre plusieurs stratégies. On peut ainsi choisir d'utiliser la totalité de la ressource le plus vite possible ou de l'exploiter au compte-gouttes sur une très longue durée. Dans la plupart des cas c'est la première solution qui est choisie malgré ses inconvénients à terme. Bien entendu, ces nappes ne sont pas uniquement utilisées pour l'irrigation mais le problème de la surexploitation n'est pas différent. En France, la nappe astienne s'étend sur 450 km^2 entre Sète et Béziers. Cette nappe profonde offre une eau de très bonne qualité qui est très utilisée en été pour alimenter les communes à forte fréquentation touristique. Une exploitation mal raisonnée risque d'entraîner des pollutions irréversibles par intrusion d'eau de mer. On cherche, en conséquence, à passer d'une exploitation anarchique à partir de 600 forages, conduite en fonction des différents usages, eau potable, irrigation ou industrie, à une gestion intégrée permettant de protéger cette ressource. Il semble d'ailleurs que ces efforts commencent à porter leurs fruits. On constate en effet que des puits artésiens du Bitterrois, qui ne méritaient plus ce nom, sont redevenus fonctionnels en 1997.

La situation est également préoccupante dans la région de Bordeaux. La nappe aquifère de la couche éocène qui alimente Bordeaux en eau potable, mais qui est aussi utilisée pour irriguer le maïs dans les Landes, paraissait inépuisable. On s'aperçoit maintenant qu'il n'en est rien et que la pression des eaux douces est devenue si faible que le risque de salure excessive par intrusion de l'eau océanique est devenu très sérieux. Le phénomène a d'ailleurs déjà commencé dans la pointe nord du Médoc. Si on ajoute à cela une concentration trop élevée en fluor dans la région située au nord de la Gironde, on peut comprendre les inquiétudes de beaucoup de responsables. Les solutions sont pourtant nombreuses mais soit elles seront coûteuses puisqu'il faudrait effectuer de nouveaux forages dans des points éloignés et les connecter aux réseaux existants, soit elles seront impopulaires puisqu'il s'agirait de demander, en particulier aux agriculteurs, d'économiser l'eau.

Pour pouvoir continuer l'exploitation de ces nappes on a pu imaginer quelques solutions de remplacement. Par exemple on peut envisager le transport sur de longues distances d'eau disponible ailleurs. On envisage ainsi le transport des eaux du Nil vers les oasis du désert occidental d'Égypte quand les nappes profondes de Nubie seront épuisées.

Les experts internationaux sont pourtant unanimes dans leurs critiques du plan d'irrigation égyptien. La construction d'un canal d'irrigation de 800 km de longueur pour irriguer des terres de qualité médiocre, alors qu'en années sèches les terres fertiles du delta manquent d'eau, peut en effet sembler une idée aberrante. D'autres arguments rendent ce projet inquiétant. Le coût de l'élévation de l'eau sur une hauteur de 55 m et son évaporation intense dans un canal à ciel ouvert, la difficulté du maintien de ce canal dans des zones de dunes très mobiles, le fait que les terres intéressées par l'irrigation sont situées dans des cuvettes et peuvent se transformer en marécages, les projets de barrages et d'irrigations du Soudan et de l'Éthiopie, tout ceci ne semblent pas influencer la décision du gouvernement égyptien. Pourtant on se souvient de la tentative d'irrigation de 350 000 ha de désert à l'ouest du delta dans les années 1960. Dix ans après seulement un tiers de cette surface produisait une récolte[1].

Par ailleurs, on peut aussi vouloir recharger les nappes épuisées. Un projet au Qatar prévoit ainsi une recharge avec de l'eau de mer dessalée. On a également fait des progrès dans l'art du forage et l'utilisation d'alliages de tungstène permet d'aller plus profond dans des roches dures.

Pourtant, il est évident que les techniques économes s'inscrivent mieux dans les perspectives de développement durable.

On peut par exemple utiliser des végétaux ayant des besoins réduits en eau. Le sorgho transpire 300 g d'eau pour produire 1 g de matière sèche, le maïs 370, l'orge 520, le tournesol 600 et le haricot 700.

1. F. Pearce, Deluge of criticism greets Nile irrigation plan, *New Scientist*, 25 janvier 1997, p. 5.

Il existe des plantes très performantes en ce qui concerne l'utilisation de l'eau. C'est le cas du pois d'Angole et de certaines luzernes espagnoles. Des études effectuées récemment en Corse montrent que le clémentinier résiste beaucoup mieux aux vents secs que le kiwi et permettent surtout de comprendre les mécanismes en cause. Des programmes de sélection destinés à retrouver les capacités de résistance à la sécheresse éliminées par les sélections portant sur le meilleur rendement possible sont en cours.

En particulier on s'est rendu compte qu'une plante soumise à une baisse de disponibilité en eau réagissait en fermant les stomates des feuilles, c'est-à-dire les organes permettant la transpiration. Cette fermeture peut être induite par un signal provenant des racines avant que les tissus des feuilles ne soient affectés par la carence en eau. Les généticiens cherchent, entre autres choses, à identifier les gènes améliorant l'efficacité de ce mécanisme qui permet à la plante d'économiser de l'eau.

Des résultats intéressants ont déjà été obtenus sur le tournesol.

Il faut cependant se souvenir que pour une plante donnée il existe une relation entre l'eau qu'elle transpire et son rendement. Les plantes des régions arides peuvent réduire leur transpiration de manière spectaculaire durant la saison sèche mais leur accroissement est alors très réduit.

On cherchera donc à faire des économies en utilisant des techniques d'irrigation appropriées qui permettent de réduire l'évaporation à partir du sol ou d'éventuelles plantes adventices. La plante à forte croissance sans apport d'eau sous une forme quelconque reste encore à inventer même si on ne doit pas négliger des atouts précieux comme la résistance à une sécheresse momentanée par fermeture précoce des stomates ou la recherche d'eau plus profonde par allongement des racines.

Différentes techniques utilisées depuis des temps immémoriaux dans des pays de l'Afrique du Nord, du Proche- et du Moyen-Orient nous montrent que cette préoccupation d'économie n'est pas nouvelle. Pourtant nous disposons de nouveaux dispositifs, les uns sont relativement sophistiqués comme l'irrigation au goutte à goutte utilisée en Israël, d'autres sont plus rustiques. On peut citer comme exemple l'irrigation à l'aide de pots de terre poreux expérimentée au Brésil et au Chili. En particulier on commence à développer une technique très innovantes qui consiste à cultiver des plantes, par exemple des arbres fruitiers, sur des terrains composés de sable pur. Ces plantes sont irriguées au goutte à goutte sans risque d'accumulation de sel car le sable ne le retient pas. Bien entendu le sable ne contient pas non plus de substances nutritives permettant aux plantes de se développer, c'est pourquoi l'eau d'irrigation contient ces substances que l'on peut faire varier en fonction des besoins. Cette technique que l'on peut qualifier de cultures sans sol est maintenant considérée avec beaucoup d'intérêt par des pays comme l'Égypte où le sable ne manque pas.

Enfin, il est évident qu'une meilleure information sur les phénomènes de précipitations pluvieuses, ruissellement et drainage au niveau des sols, évaporation et aussi la transpiration des plantes devrait permettre une meilleure utilisation de l'eau en agronomie. Des techniques de télédétection utilisant l'infrarouge et des micro-ondes permettent de faire avancer rapidement nos connaissances sur cet aspect de la question.

Dans ce domaine comme tant d'autres, le souci d'économie ne devrait pas être l'apanage des plus démunis mais une bonne habitude à prendre pour faire face à l'évolution prévisible de la situation.

Il faut aussi signaler une conséquence redoutable de l'exploitation inconsidérée des nappes aquifères profondes.

De nombreux affaissements de terrain ont été ainsi observés dans différentes parties du globe à la suite d'importants prélèvements. Dans la vallée de San Joaquin en Californie on a ainsi observé un affaissement de 9 m entre 1925 et 1977, année où le processus s'est pratiquement arrêté. On peut dire qu'en cinquante ans 20 milliards de mètres cubes de terre sont descendus pour prendre la place de quelque 70 milliards de mètres cubes d'eau retirés.

La ville de Mexico a été victime d'un phénomène analogue. Dans ce cas, il s'agissait cependant d'une utilisation à usage domestique de l'eau. Là aussi on a observé une baisse de niveau de 9 m qu'on a réussi à stopper en interdisant le pompage dans la partie centrale de la ville et en injectant de l'eau dans certains cas dans le sous-sol. On retrouve des exemples analogues en différents points du globe, en particulier au Japon, en Chine et en Thaïlande. Enfin des affaissements d'amplitude plus faible mais dus aux mêmes raisons ont fait beaucoup parler d'eux car ils frappaient des villes historiques. Ravenne avec un affaissement de 1,20 m a vu plusieurs monuments importants mis en péril. Enfin Venise, avec un enfoncement à peine supérieur à 20 cm depuis le début du siècle, se trouve très menacée du fait de sa situation particulière.

On ne saurait donc trop jouer avec l'eau utilisée en agriculture car les conséquences d'une erreur sont difficiles à prévoir.

Par exemple on estime, avec raison sans doute, que le volet agricole de la « révolution blanche » voulue par le chah d'Iran a été un des facteurs qui ont amené la disparition de son régime.

La prise en main de la production par des firmes de grande taille s'est faite en accaparant l'eau et en salant certaines nappes surexploitées. L'expérience multimillénaire d'une gestion de l'eau dans des franges désertiques particulièrement fragiles a été complètement oubliée. En conséquence, les terres exploitées grâce à l'irrigation traditionnelle ont été abandonnées, d'où un exode massif vers les grandes villes avec tous les désordres sociologiques imaginables.

II. — Les usages industriels

En France, les usages industriels représentent environ 12 % de la consommation d'eau comptabilisée. Il faut y ajouter cependant la part énorme, 60 % de la consommation totale, que représente l'eau utilisée par le refroidissement des centrales thermiques.

Dans ce dernier cas, une grande partie de l'eau dite consommée est presque immédiatement restituée sans avoir subi d'altérations notables à part le réchauffement. Dans les systèmes de refroidissements ouverts il faut utiliser beaucoup d'eau, 164 l/kWh produit mais la perte par évaporation est inférieure à 2 l. Il reste bien entendu les inconvénients déjà exposés de la réduction, sur un segment, du débit de la rivière ou du fleuve. On peut aussi signaler que ce procédé permet d'utiliser de l'eau de mer, en rencontrant d'autres problèmes spécifiques bien entendu.

Dans les systèmes fonctionnant en circuit fermé on utilise seulement 3 l/kWh mais la perte par évaporation, aux environs de 2 l, est du même ordre de grandeur que dans le cas précédent. On évite cependant les atteintes au milieu aquatique dues au réchauffement et aux modifications du débit.

En ce qui concerne les usages industriels, les besoins varient énormément selon les cas. L'industrie chimique de base et celle des fils synthétiques utilisent environ un tiers de la consommation industrielle et celle du papier et carton environ un huitième. Une usine de fabrication de papier en Afrique du Nord consomme autant d'eau qu'une ville de 500 000 habitants. Cependant, des efforts importants ont été effectués par l'industrie pour limiter la consommation d'eau. En particulier le recyclage donne de bons résultats.

Pourtant on ne peut échapper au fait parfois mal connu que la production industrielle nécessite beaucoup d'eau. Pour obtenir un seul kilogramme d'acier il faut dépenser selon les procédés entre 300 et 600 l d'eau !

La production d'acier en France est d'environ 18 millions de tonnes, au niveau mondial de l'ordre de 750 millions. Cela représente beaucoup d'eau.

Les industries agro-alimentaires consomment également beaucoup d'eau. Pensons à la bière : 237 millions d'hectolitres par an aux États-Unis et 18 pour la France !

Enfin, il faut signaler que le tourisme est aussi une activité qui consomme beaucoup d'eau. Dans les hôtels de luxe on estime la consommation entre 500 et 800 l par jour. Les golfs dans des régions plus ou moins arides consomment 10 000 m^3 par hectare et par an.

III. — **L'eau domestique**

Dans de nombreux pays, il s'agit essentiellement de l'eau de boisson ou de cuisson. Dans les pays développés, l'eau domestique, celle qui passe, entre autres, dans les compteurs des particuliers, est l'objet de très nombreux usages : lavage de linge ou de voiture, sanitaire, piscine, etc.

Les quantités d'eau utilisées sont donc très variables. Quand un Ghanéen utilise 1 l d'eau, un Européen en consomme 70 l et un habitant des États-Unis, 300 l.

Il s'agit de consommations moyennes qui, à l'intérieur de chaque pays, peuvent varier énormément. En France la consommation moyenne journalière par habitant se situe entre 150 et 200 l mais, dans les grandes villes, elle peut dépasser 500 l.

Le domaine de l'eau domestique est aussi celui du gaspillage. On estime qu'en France 20 % de l'eau sortant des usines de traitement n'arrive pas à l'usager et que chez celui-ci la perte est également de l'ordre de 20 %.

Sachons qu'une simple petite fuite à un robinet représente une perte de 4 l par heure.

Les pertes sont plus élevées dans certaines villes, par exemple, au Caire, l'usager ne reçoit que 50 % de l'eau traitée et doit sans doute en perdre beaucoup lui-même. Notons aussi que les estimations sont difficiles du fait que 70 % des compteurs sont hors d'usage. Cette situation se retrouve d'ailleurs dans beaucoup de villes des pays les moins riches. Cette eau comptabilisée n'est pas la seule à couvrir les besoins en eaux dites domestiques. Les puits ou les rivières jouent un rôle encore important même si, pour des raisons d'hygiène, on cherche à en limiter l'usage. Il faut savoir qu'environ 6 millions d'enfants meurent chaque année de diarrhées dues à des eaux de boisson contaminées. Pourtant des études récentes montrent que les rayons du soleil éliminaient totalement en sept heures les bactéries coliformes. Une expérimentation effectuée au Kenya a mis en évidence qu'en demandant aux enfants de ne boire que de l'eau stockée un certain temps dans des bouteilles en plastique transparent sur le toit de leur case on réduisait grandement la durée et sévérité des diarrhées. On connaît aussi les propriétés étonnantes des graines de *Maringa oleifera* qui, après avoir été écrasées, libèrent dans l'eau des protéines. Celles-ci sont capables de « piéger » dans l'eau les organismes pathogènes les plus divers. Il suffit ensuite de filtrer l'eau ainsi traitée pour éviter tout risque de contamination. Les maladies transmises par l'eau ingérée sont d'ailleurs nombreuses et elles sévissaient également en Europe avant la généralisation du traitement des eaux. Les grandes épidémies de choléra du XXe siècle sont bien connues.

Actuellement certaines grandes villes sont encore confrontées avec des problèmes très graves. C'est le cas de Delhi dont l'eau de boisson contient des quantités alarmantes de pesticides et de métaux lourds.

La plus grande partie de l'eau de cette ville de 11 millions d'habitants provient d'un canal qui traverse des terres agricoles. On y trouve ainsi, en juillet 1995, 203 ng par litre de DDT alors que la loi indienne interdit toute trace de cet insecticide dans l'eau.

C'est donc le problème de la qualité des eaux domestiques, dès lors qu'elles sont aussi utilisées comme eau de boisson, qui doit nous préoccuper. Les problèmes quantitatifs sont moins importants malgré l'accroissement de la demande mondiale : 16 km^3 en 1900, 300 en 1990 et 440 prévus au début du prochain siècle. Bien entendu cela peut obliger à aller chercher de l'eau de plus en plus loin et donc dans des conditions de plus en plus coûteuse. La ville de Mexico, en 1982, a ainsi commencé l'exploitation d'une eau de source située à 100 km de la ville et à 1 000 m d'altitude plus bas. Dans les années 90, il s'est révélé nécessaire de songer à aller encore plus loin et plus bas, à 200 km avec un dénivelé de 2 000 m.

On vient, par ailleurs, d'avoir connaissance d'un vaste projet consistant à alimenter Barcelone avec l'eau du Rhône. Un aqueduc souterrain serait construit sur 314 km entre Montpellier et une station d'épuration située en Catalogne.

En ce qui concerne la qualité, de l'eau, les exigences des pays les plus développés sont devenues très sévères.

Les normes européennes sont devenues en certains cas très difficiles à respecter. Elles concernent les paramètres organoleptiques, les paramètres physico-chimiques naturels, les substances indésirables, les substances toxiques, les pesticides et les paramètres microbiologiques.

La pollution par les nitrates dont nous avons déjà parlé est une de celles qui paraissent les plus préoccupantes.

Le coût de l'enlèvement des nitrates présents dans l'eau est très lourd et de plus interdit quand la valeur dépasse 100 mg par litre. Tout en espérant voir à terme le succès de méthodes palliatives du ressort de l'agriculture beaucoup de ville se tournent vers différentes solutions. On peut aller chercher de l'eau plus loin, on peut aussi procéder à des dilutions en mélangeant des eaux de provenances différentes pour ramener en dessous des normes le produit distribué.

La ville de Bourges va devoir ainsi chercher de l'eau dans une île de la Loire en profitant de la qualité encore acceptable de la nappe phréatique.

Le problème de la protection des zones de captage qu'on estimait relativement facile à régler lorsqu'il s'agissait de pollutions ponctuelles devient bien plus complexe en face des pollutions diffuses provenant de l'agriculture.

On remarquera, par ailleurs, que tous les arrêtés préfectoraux autorisant des prélèvements ne sont pas assortis de la création d'un périmètre de protection. D'autre part, les périmètres créés il y a plusieurs dizaines d'années ne sont plus toujours adaptés du fait des changements d'occupation des sols sans compter que nos connaissances concernant la circulation des eaux souterraines se sont améliorées.

C'est pourquoi les pays qui ont créé des parcs nationaux pour protéger la nature s'aperçoivent avec satisfaction qu'ils se sont, en prime, conservé des eaux de qualité.

Ainsi, au Honduras les 7 500 ha du parc national de La Tigra permettent grâce à une eau de bonne qualité de fournir 40 % de l'eau distribuée à Tegucigalpa, la capitale.

D'autres problèmes ne seront résolus qu'en y mettant le prix. C'est le cas du niveau du plomb contenu dans l'eau de boisson qui doit être diminué de 80 % selon les critères que vient de définir l'Organisation mondiale de la santé. Cette norme ne pourra être respectée qu'en remplaçant les conduites d'eau existantes pour un coût estimé en 1995 à plus de 325 milliards de francs sur une période de quinze ans pour l'ensemble de l'Union européenne. Certaines personnes pensent que cette modification des normes ne s'imposait pas et qu'il aurait peut-être mieux valu porter nos efforts sur d'autres pollutions, par exemple la pollution microbactériologique.

A ceci les partisans de la nouvelle norme rétorquent que des enquêtes récentes ont mis en lumière des faits alarmants. De très faibles quantités de plomb inhibent le fonctionnement de certaines enzymes et le métabolisme du calcium, entraînant ainsi un retard du développement intellectuel chez les jeunes enfants.

Dans ces conditions, ne nous étonnons pas que le coût de l'eau domestique ne fasse que croître, d'autant plus que le consommateur paie l'eau qu'il reçoit et le prix de l'épuration de celle qu'il renvoie.

Certaines villes ont choisi la solution du double réseau. C'est le cas de la ville de Paris. Grâce à 3 700 km de canalisations elle distribue chaque jour 800 000 m^3 d'eau potable venue de sources lointaines captées à l'époque du préfet Haussmann et 400 000 m^3 d'eau venue de la Seine ou de la Marne utilisable par exemple pour nettoyer les rues. Cette double distribution mise à la disposition des consommateurs privés aurait, selon certaines opinions, beaucoup d'inconvénients. En particulier les risques d'erreurs seraient considérables.

Pourtant dans certains pays, en particulier au Japon, on a préconisé et parfois réalisé un système d'épuration rudimentaire des eaux usées à l'échelle d'un immeuble afin de l'utiliser dans les chasses d'eau.

Il est cependant incontestable que si l'eau ne risque pas de manquer elle devient un marché important estimé en France, en 1995, à 85 milliards de francs.

Les vives compétitions, souvent relatées par la presse, pour dominer ce marché ne doivent pas nous étonner.

De même les progrès techniques dans ce domaine sont incessants et les usines de traitement de l'eau potable deviennent de plus en plus sophistiquées. La plus grande usine d'eau potable au monde est entrée en service à la fin de 1996 en Australie. Elle est en mesure de satisfaire les besoins de 10 millions d'habitants. L'eau qui arrive dans l'usine est d'abord débarrassée d'une grande partie de ses impuretés par coagulation. Puis l'eau traverse de gigantesques filtres faits de petits grains de sable en utilisant une nouvelle technique à grande vitesse, puis le taux d'acidité de l'eau est ajusté et du fluor ajouté dans le but de prévenir les caries dentaires. Enfin, on effectue un dernier traitement au chlore et à l'ammoniac.

De même la mise en service d'une usine de traitement basée sur la nanofiltration est prévue dans le nord de l'Ile-de-France à Méry-sur-Oise. Ce procédé utilise des membranes comportant des pores de un millième de micron. L'eau préfigurée et soumise à une forte pression traverse cette membrane, abandonnant au passage virus et bactéries et aussi les molécules de pesticides tout en conservant une certaine minéralisation. Ce dernier point est important car l'eau chimiquement pure ne convient pas aux besoins de l'organisme humain.

Le consommateur n'en sort pas gagnant car le prix de l'eau potable est partout en expansion. Le prix moyen du mètre cube d'eau a fait un bond de 73,90 % en cinq ans, en France, s'établissant au dessus de 15 F en 1995.

Il existe, de plus, différents consommateurs qui payent l'eau bien plus cher.

Dans les quartiers pauvres de certaines grandes villes il n'existe pas de canalisations de distribution et les consommateurs doivent utiliser les services des « porteurs d'eau » qui furent longtemps également utilisés dans les villes d'Europe. Cette eau possède la particularité d'être très onéreuse et pas toujours d'une grande qualité en particulier en ce qui concerne les agents pathogènes.

Mais dans des pays riches de très nombreux consommateurs se détournent souvent de l'eau « du robinet » pour utiliser comme boisson de l'eau en bouteille.

Cette eau comprend en fait différentes catégories qu'il importe de distinguer. Il faut mettre à part les eaux minérales qui possèdent théoriquement des propriétés thérapeutiques reconnues officiellement. Il faut savoir que leurs teneurs importantes en différentes substances ne permettent pas toujours de les ranger dans les eaux potables et que leur usage régulier doit faire parfois l'objet de précautions. Les Français, bien que disposant de 1 200 sources reconnues, sont loin d'être les plus grands buveurs d'eau minérale de l'Europe. La consommation annuelle est d'environ 82 l contre 105 en Belgique et 124 en Italie. Nous devançons cependant nettement l'Espagne avec 56 l et surtout la Grande-Bretagne qui ne consomme que 7,9 l par habitant et par an.

Nous trouvons, à côté de ces eaux, les eaux de source qui au terme de la loi doivent avoir une qualité de départ permettant de les consommer après un minimum de traitements. Seules les manipulations permettant d'éliminer les éléments instables sont autorisées ainsi que l'injection de gaz carbonique provenant de la source ou non. Enfin, il existe des eaux de provenance quelconque parfois désignées sous le nom d'eau de table mais qui officiellement sont des « eaux rendues potables par traitement ».

De toute manière, à part le cas très particulier des eaux minérales, le choix entre ces eaux et celle distribuée au robinet est une affaire personnelle. Qu'on se souvienne cependant que le prix de l'eau domestique au mètre cube paraît très élevé mais doit être comparé à celui des eaux embouteillées dont les moins chères atteignent cependant 500 F le mètre cube !

IV. — **L'eau restituée**

Une grande partie de l'eau comptabilisée, quel que soit son usage, est restituée à l'extérieur après usage.

Mais la question est de savoir dans quel état se trouve cette eau, objet de restitution ?

Les pollutions diverses, conséquences des usages de l'eau, ainsi que les différents moyens de procéder à l'épuration constituent un ensemble complexe qui nécessite pour sa compréhension le rappel de quelques définitions.

En ce qui concerne la pollution des eaux utilisées pour un usage domestique on utilise la notion d'équivalent-habitant. Ceci correspond au rejet journalier de 63 g de matières oxydables, de 90 g de matières en suspension, de 15 g de matières azotées et de 4 g de matières phosphatées.

A cela, il faudrait ajouter diverses pollutions moins faciles à quantifier, par exemple le cas de la vidange de voiture dans un garage privé qui, en expédiant l'huile dans le réseau d'assainissement, y apporte une regrettable contribution.

Ces différentes pollutions contenues dans l'eau usée peuvent faire l'objet de différents traitements après avoir été acheminées dans une station construite à cet effet.

Au niveau de ces stations on distingue différents niveaux de traitement qui peuvent être utilisés en cascade.

Les traitements primaires, filtration et décantation, permettent de se débarrasser des matières en suspension qui représentent en poids la part la plus importante de l'équivalent-habitant. Ensuite viennent les traitements secondaires qui permettent l'élimination de ce que les bactéries sont capables de digérer et ensuite minéraliser.

C'est d'ailleurs un processus qui se rapproche de ce qui se passe dans la nature. Quand on se contente de vider les égouts de la ville dans la rivière, celle-ci dispose d'un pouvoir d'auto-épuration non négligeable. A quelques kilomètres en aval d'une petite ville, une rivière importante peut, en effet, retrouver la qualité de l'amont.

Il n'en est malheureusement pas toujours de même en ce qui concerne les sédiments et si l'eau possède des pouvoirs d'auto-épuration vis-à-vis de nombreuses molécules ou agents pathogènes, il reste toujours le problème des métaux lourds. En particulier, lors d'opérations de curage de petits cours d'eau, on extrait entre 0,5 et 10 m^3 de sédiments par mètre linéaire.

On sait maintenant qu'il n'est pas toujours possible d'étaler ces boues sur les terres agricoles voisines. Des cas de phytotoxicité très graves ont été observés sur des cultures et, en plusieurs occasions, il a été nécessaire d'abattre des animaux intoxiqués par l'herbe des prairies où ces boues avaient été répandues en leur prêtant un rôle d'engrais[1].

Cependant, même en ce qui concerne la part de la pollution biodégradable, cette solution n'est jamais totalement acceptable et ne peut pas s'appliquer à des agglomérations importantes ou à des rivières de faible débit. L'eau sera donc stockée afin de laisser le temps aux bactéries d'agir. Parfois quand on dispose de la surface nécessaire on utilise le lagunage. Des pièces d'eau de faible profondeur facilitent le travail des bactéries. Cette technique a été remise en honneur depuis une vingtaine d'années. Certains lagunages, celui de Mèze ou celui de Rochefort, présentent aussi l'intérêt de pouvoir valoriser les eaux riches en substances nutritives en les utilisant pour la culture de coquillages. Parfois, cependant, on cherche à accélérer le processus en procédant à un apport d'oxygène. On peut aussi augmenter la surface sur laquelle les bactéries efficaces se fixent. On peut dans les meilleurs des cas espérer éliminer ainsi 80 % du carbone organique présent.

L'utilisation des bactéries pour résoudre des problèmes divers de pollution est d'ailleurs une technique en pleine évolution. On sait ainsi maintenant se débarrasser d'accumulations anormales de vases en prélevant des bactéries présentes dans le milieu. Ces bactéries font l'objet d'un tri et celles qui paraissent présenter le plus d'intérêt sont multipliées en grand

1. I. Berteau *et al.*, Le curage des cours d'eau et les éléments traces toxiques, *Courrier de l'environnement de l'INRA*, 1993, 20, p. 27-35.

nombre et ensuite injectées dans la vase. Un apport d'oxygène permet aux bactéries de consommer la vase en un temps record en la transformant en produit soluble ou en gaz. Bien entendu cela ne résout pas le problème des métaux lourds mais constitue une méthode économique et peu dommageable pour l'environnement, permettant de se débarrasser d'amas de vases indésirables.

On peut également effectuer des traitements tertiaires plus spécialisés qui peuvent concerner les phosphates, les nitrates ou l'ammoniac. On se rapproche alors des stations de traitement des effluents industriels. Ceux-ci sont presque toujours traités dans une installation adaptée aux problèmes spécifiques de chaque industrie. De grands progrès ont été également réalisés dans ce domaine. Par exemple, le problème de la pollution du Tarn par le chrome a été récemment résolu de manière satisfaisante. De même, le fait que les charges polluantes des jus de détartrage de cuves vinicoles soient très élevées, 100 fois la charge polluante des effluents urbains, a conduit à la mise en place d'une gestion optimale du détartrage. On souhaite évidemment que ces techniques soient utilisées sur une grande échelle.

Cependant si nous savons épurer nous restons encore tributaire du fait que toutes les eaux usées ne passent pas par des stations d'épurations et que toutes ne fonctionnent pas parfaitement. Pour le moment, la France dispose d'environ 12 000 stations d'épuration dont le rendement moyen serait de 45 % mais avec des variations importantes d'efficacité. Certaines villes moyennes n'avaient toujours pas de station d'épuration en 1994. Certaines grandes villes ont des taux d'épuration de l'ordre de 30 %. Le taux de dépollution, exprimé pour la pollution oxydable, varie selon les régions entre 32 et 65 %. Dans le peloton de tête on trouve l'Alsace, la Bretagne et la région Poitou-Charentes.

De plus, on sait qu'environ 11 millions de Français ne sont pas raccordés à des réseaux de collecte parce qu'ils se trouvent en situation d'habitat isolé. Néanmoins, la situation en France, bien qu'on ne dispose pas de statistiques précises et récentes, serait bien meilleure que celle que l'on imaginait. Des estimations sérieuses permettent d'affirmer que 80 % des logements sont raccordés à un réseau d'assainissement. Il semble aussi que 50 % de ces logements soient raccordés à des réseaux séparatifs dans lesquels l'eau de pluie n'est pas collectée dans les mêmes tuyaux que l'eau usée, ce qui présente beaucoup d'avantages pour le fonctionnement des stations d'épuration. Des problèmes liés aux périodes de très fortes précipitations restent pourtant encore préoccupants. Cependant, on peut de plus espérer qu'en dehors des progrès techniques le renforcement de la législation permettra également de réaliser des progrès importants. Par exemple un décret paru en 1994 fait obligation à toutes les agglomérations de plus de 2 000 habitants d'adopter les mesures nécessaires entre 1998 et 2005.

Chapitre IV

ÉTUDES DE CAS ET RECHERCHES DE SOLUTION

Après avoir ainsi passé en revue les données élémentaires des problèmes posés par l'eau et ses usages, il paraît intéressant de procéder à une prise en compte plus globale de situations toujours complexes. Des analyses de cas, qui pour des raisons diverses sont au cœur de nos préoccupations en ce domaine, devraient nous permettre de mieux saisir cette complexité.

I. — L'eutrophisation

Le terme d'eutrophisation a changé de sens depuis le début de ce siècle tout en restant en relation avec la quantité de substances nutritives présentes dans l'eau.

On peut d'ailleurs encore parler d'eutrophisation pour désigner le phénomène naturel du vieillissement d'un lac.

Celui-ci reçoit de l'eau de son bassin versant ainsi que des matières solides. La pluie, la neige, les poussières transportées par le vent viennent aussi apporter leurs parts. Le lac aux eaux transparentes peuplé de poissons exigeants en oxygène ne peut que se transformer en une étendue d'eau verdie par les algues et de poissons plus résistants. Puis le lac sera peu à peu transformé en marécage et doit enfin très probablement faire place à une forêt. Bien entendu ce processus est très lent et chaque phase peut durer quelques centaines de milliers d'années.

Cependant, nous avons de plus en plus l'habitude de réserver le terme d'eutrophisation à des phénomènes plus artificiels et surtout d'évolutions bien plus rapides.

L'effet des apports de matières nutritives, issues des eaux usées d'origine domestique, des eaux de ruissellement chargées en engrais ou de divers effluents d'élevages industriels accélère grandement les modifications de qualité de l'eau ainsi que sa flore et sa faune. D'autre part, on parle d'eutrophisation aussi bien en ce qui concerne les lacs que les cours d'eau y compris les eaux marines des embouchures.

Des arrivées massives de matières nutritives peuvent survenir en dehors des interventions humaines et provoquer des proliférations d'algues très spectaculaires.

Au XVIIIe siècle, les Indiens d'Amérique parlaient de « puanteur verte » pour désigner l'apparition brutale de myxophycée dans le lac Oneda, non loin du lac Ontario. Les Suisses, riverains du lac de Morat, voyant apparaître périodiquement l'algue *Oscillatoria rubescens* dont la présence colorait en rouge l'eau, évoquaient le « sang des Bourguignons » en souvenir du massacre des troupes de Charles le Téméraire en 1476.

Mais, durant les dernières décennies, ces phénomènes se sont amplifiés en touchant des plans d'eau jusqu'alors indemnes et en prenant un caractère permanent difficilement réversible. Il y a cent ans l'eau du Léman était si pure que les pêcheurs n'emportaient pas d'eau de boisson et consommaient sans risque l'eau du lac. Il y a une quinzaine d'années, avant les débuts de renaissance constatés, il était peu conseillé de s'y baigner en certains points.

La prolifération d'algues et d'autres plantes aquatiques, la détérioration de la qualité de l'eau incluant des problèmes d'odeurs désagréables, la modification de la composition en espèces des populations de poissons existantes, les disparitions des espèces mal adaptées représentent des inconvénients réels pour les riverains.

Ces inconvénients se traduisent par des baisses des revenus liés au tourisme, un accroissement du coût du traitement de l'eau destinée aux usages domestiques, la diminution ou la disparition des captures de poissons de grande valeur comme les corégones ou les truites.

Il faut cependant signaler que l'eutrophisation vue sous l'angle d'une forte augmentation de la productivité primaire peut être, dans certains cas, considérée comme avantageuse C'est le cas dans les bassins de pisciculture, telle qu'elle est pratiquée en Chine, lors de la production de poissons consommateurs d'algues ou d'autres végétaux.

Mais ce qui est bon dans ce cas s'est révélé souvent désastreux particulièrement dans les grands lacs subalpins menacés depuis quelques années. On estime que 40 % des lacs de la région des Alpes et du Jura sont plus ou moins gravement affectés par l'eutrophisation et on estime également que plus de la moitié des 200 principaux plans d'eau français sont dans ce cas.

Il serait possible d'effectuer un tour de France de l'eutrophisation, comme nous l'avons fait pour les pollutions. Sans vouloir être exhaustifs, signalons qu'en Aquitaine la plupart des lacs et étangs littoraux sont plus ou moins frappés et qu'en Bretagne les canaux et les retenues utilisées comme sources d'eau potable sont devenus eutrophes. En Basse-Normandie, il en est de même pour la Vire et l'Orne. La Meuse, le cours aval de la Moselle et presque partout les grandes retenues d'eau sont également dans ce cas.

Il importe maintenant de se poser des questions au sujet de ces substances nutritives dont l'excès provoque l'eutrophisation que celle-ci soit naturelle ou selon une expression souvent utilisée « culturelle », c'est-à-dire liée aux diverses activités humaines allant du déboisement à l'urbanisation. Depuis Justus Liebig, qui a introduit cette notion en 1840 au sujet de la productivité des plantes cultivées, nous parlons de facteur nutritif limitant. C'est-à-dire que, même si la plupart des substances nécessaires se trouvent en excédent, il suffit qu'une seule soit peu abondante pour que la productivité végétale soit limitée. C'est souvent l'exemple de la chaîne dont la force ne dépasse pas celle du maillon le plus faible qui est utilisé.

Or il semble bien que dans tous les cas le facteur limitant en ce qui concerne les eaux douces soit le phosphore tandis que dans les milieux marins il s'agit de l'azote.

La lutte contre l'eutrophisation doit donc tout naturellement s'orienter vers la réduction des apports de phosphore ou leur neutralisation.

La réduction des apports devrait en premier lieu s'orienter vers la réduction des usages domestiques, en particulier en modifiant la composition des lessives. Cependant les intérêts commerciaux en jeu ont rendu souvent difficile cette option. Bien qu'un certain nombre de pays ait adopté des mesures d'interdiction totale ce n'est pas le cas de la France. Les arguments les plus étranges ont été avancés pour justifier cette absence de mesure. Les moins déraisonnables concernent le fait que les produits de remplacement des phosphates peuvent aussi présenter des inconvénients. Même si cela est vrai il vaudrait mieux effectuer un effort dans la recherche de lessives inoffensives que de plaider pour la poursuite de l'utilisation des phosphates.

Les autres apports, en particulier ceux liés aux engrais agricoles, sont relativement moins importants bien que significatifs. C'est ainsi que les élevages de poulets rejettent des quantités importantes de phosphore du fait d'une utilisation digestive et métabolique imparfaite. Plus de 50 % du phosphore contenu dans la nourriture des volailles se retrouve dans leurs déjections. En 1993, on a estimé à 27 000 t les quantités de phosphore ainsi rejetées principalement par épandage. Des recherches permettant d'améliorer le rendement d'utilisation du phosphore permettent d'espérer une amélioration.

Pour en revenir aux mesures à prendre en dehors de la réduction de l'envoi de phosphates dans le milieu naturel nous n'avons que l'embarras du choix.

Rappelons d'abord que le lac Léman qui subissait une évolution inquiétante, avec une apparition du « sang des Bourguignons » en 1978, une raréfaction de l'omble chevalier et la multiplication du gardon, a vu son état s'améliorer. L'interdiction en Suisse des phosphates dans les lessives n'est pas étrangère, on s'en doute, à cette amélioration.

Des stations d'épuration adaptées à la réduction du phosphore peuvent traiter la totalité des eaux domestiques avant leur arrivée dans un lac. C'est la solution adoptée avec succès pour le lac du Bourget qui commençait à s'altérer. Un collecteur totalisant 400 km a été construit dans les années 50. Après épuration, 35 000 m^3 sont rejetés dans le lac qui a retrouvé son état antérieur. De même des zones marécageuses, dont la végétation « consomme » une partie importante des substances nutritives apportées par les affluents, peuvent jouer un rôle important à condition que leurs superficies soient suffisantes.

Une autre solution consiste à détourner les eaux plus ou moins bien épurées vers des zones moins sensibles où elles pourront être diluées ou subir une épuration naturelle dans des marais. C'est la solution qui a été retenue pour le lac d'Annecy en 1980. Un réseau de collecteur ceinture le lac et ne laisse pas les eaux usées y pénétrer. On fait souvent remarquer qu'on reporte souvent ainsi le problème sans le résoudre pour autant.

On peut aussi profiter de ce que le phosphore est éliminé en passant à travers le sol pour utiliser des fossés fonctionnant comme des filtres.

Rappelons aussi le rôle essentiel des ceintures de végétation terrestre ou semi-aquatique qui bloquent efficacement les apports de ruissellements d'origine agricole.

On peut aussi agir à l'intérieur du lac ou du réservoir d'autant plus facilement que leurs volumes ne sont pas trop importants.

Les procédés les plus variés ont été utilisés et dans certains pays, comme la Suède ou les États-Unis, des firmes privées se sont spécialisées dans l'amélioration des plans d'eau. On peut ainsi utiliser des produits chimiques à base de fer ou d'aluminium qui rendent le phosphore inactif mais on peut se poser des questions sur l'innocuité du traitement surtout quand il faut le répéter. On peut augmenter la vitesse de renouvellement de l'eau, de préférence par des apports d'eau pauvres en matières nutritives mais cette opération n'est que rarement possible. On peut oxygéner les couches d'eau profonde du lac, ce qui peut réduire le transfert du phosphore contenu dans les sédiments. L'efficacité de la méthode n'est pourtant pas toujours évidente et on peut sans doute obtenir des résultats allant dans le même sens en favorisant les échanges entre les différentes masses d'eau. Dans certains plans d'eau de petit volume on a cherché à retirer les eaux profondes riches en matières nutritives. On peut aussi faire baisser le niveau, voire assécher temporairement le plan d'eau, ce qui permet plus facilement de retirer les sédiments ou de les recouvrir d'un matériau isolant. On peut aussi récolter les végétaux dans le but d'exporter les matières nutritives. Cette méthode n'est acceptable en général que si on peut utiliser les végétaux ainsi récoltés comme nourriture animale ou comme source d'énergie.

On a aussi imaginé des procédés de lutte biologique comme l'introduction d'un virus spécifique de l'algue dominante ou l'utilisation de zooplancton pour réduire le phytoplancton. L'introduction de poissons herbivores ou de lamantins en particulier pour lutter contre les jacinthes d'eau a été souvent envisagée. Ici, il faut se méfier des introductions mal étudiées d'espèces exotiques. Enfin, pour mémoire, car cela semble rarement recommandable, signalons l'usage de produits chimiques, certains relativement inoffensifs comme le sulfate de cuivre, d'autres plus inquiétants comme les herbicides de synthèse.

Tous ses procédés, seuls ou en association ont été utilisés dans différentes parties du monde avec des succès plus ou moins apparents. Aucun ne peut être recommandé à l'exclusion de tout autre, car chaque plan d'eau est un cas à peu près unique.

Les seules méthodes qui puissent dans tous les cas être efficaces sont celles qui préviennent l'arrivée dans l'eau douce, que l'on veut préserver de l'eutrophisation, de l'élément clé que constitue le phosphore.

Il faut, en outre, faire remarquer que la compréhension du fonctionnement d'un système aquatique : lac profond, réservoir ou étang s'appuie sur une discipline scientifique, la limnologie. Cette discipline a fait d'énormes progrès dans les cinquante dernières années. Sans doute d'ailleurs à cause des inquiétudes provoquées par l'euthrophisation mais aussi les « pluies » acides.

Les grandes lignes du fonctionnement de ces systèmes sont connues et l'on peut imaginer des modèles qui permettent de prévoir ce qui va se passer dans un certain nombre de cas. Mais il reste encore beaucoup à apprendre, par exemple dans le domaine de la lutte biologique ou de la manipulation des différents niveaux de productivité que l'on souhaite favoriser.

Pourtant, sans aucun doute, on ne fera pas sans doute l'économie du contrôle sans faille des substances nutritives aboutissant dans l'eau.

II. — La mer d'Aral et les autres

Ignorée pendant plusieurs années par le monde occidental, la catastrophe écologique de la mer d'Aral s'est trouvée révélée au moment où survenait le grand changement politique dans l'ex-Union soviétique.

La mer d'Aral, avant 1959, était un plan d'eau important, le quatrième au niveau mondial en ce qui concerne la superficie de l'ordre de 68 000 km^2. Ceci correspond, pour fixer les idées, à plus de deux fois les dimensions de la Belgique. Située en Asie centrale et partagée entre l'Ouzbékistan et le Kazakhstan, il s'agissait d'une mer peu profonde contenant cependant plus de 1 000 km^3.

L'eau peu salée convenait très bien à une riche faune aquatique comportant des espèces particulières bien que la formation de cette mer intérieure ne date que d'environ cent quarante mille ans.

La pêche commerciale y était bien développée. Une flotte relativement moderne permettait des prises de l'ordre de 45 000 t chaque année.

Toujours en nous situant avant 1959, rappelons que la mer d'Aral était alimentée par deux fleuves venant des montagnes situées plus au sud. L'Amou-Daria apportait chaque année environ 40 km^3 et le Syr-Daria environ 12. Ces apports d'eau douce et pure compensaient bien l'évaporation relativement importante dans cette région relativement aride par ailleurs.

Les deux fleuves se déversaient en formant des deltas importants qui également supportaient une vie aquatique très riche. Les 500 000 ha étaient exploités pour une matière première importante, le roseau, qui était transformé en pâte à papier. D'autre part, l'introduction du rat musqué américain permettait également une exploitation fructueuse qui procurait une part importante des fourrures de qualité courante utilisées dans le pays.

Enfin, il existait certainement un potentiel d'exploitation touristique totalement inexploité. Des paysages de grande beauté, des plages de sable fin, un climat sec et ensoleillé, de l'eau transparente constituaient un capital hélas disparu[1].

En effet, ce n'est pas sans raison que cette description est écrite au passé. Un grand projet agronomique commençait à être réalisé en 1959, malgré quelques oppositions et le système équilibré que nous avons décrit commençait lui-même son agonie. C'est précisément à cette époque que fut décidé de procéder à la mise en culture, grâce à l'irrigation, de plusieurs millions d'hectare de steppes arides. Ce projet n'était envisageable qu'en utilisant l'eau des fleuves qui se déversaient dans la mer d'Aral.

Des barrages et de gigantesques canaux détournèrent ainsi une partie croissante des eaux des deux fleuves pour les déverser sur des terres agricoles de superficie toujours croissante ; 4,5 millions d'hectares en 1965, 7,2 millions d'hectares en 1995.

Bien entendu l'apport d'eau par les fleuves, réduit selon les estimations à moins de 9 km^3 ou même aux environs de 1 km^3, ne suffit plus à compenser l'évaporation et la mer ainsi que les zones humides des deltas se dessèchent rapidement.

Il est évident que l'irrigation de surfaces autrement improductives n'est pas une opération condamnable en soi. Mais il n'en est pas de même des conditions de mise en œuvre du projet et de l'appréciation de ses conséquences. Dans le cas qui nous intéresse le projet n'a pas fait l'objet d'une telle réflexion et les quelques voix qui se sont élevées pour contester le projet ont été rapidement étouffées. Bien entendu l'Union soviétique de la fin des années 50 ne constituait pas un milieu très propice à l'écoute de tels avertissements qui d'ailleurs ne sont pas

1. J. Lecomte, Réalités industrielles, *Annales des Mines*, juillet-août 1992.

Catastrophe écologique majeure, l'assèchement de la mer d'Aral (Photo J. Lecomte).

Catastrophe mineure. Un ruisseau ainsi traité a perdu beaucoup de son intérêt écologique (Photo J. Lecomte).

toujours pris au sérieux dans bien des pays considérés habituellement comme démocratiques.

Il faut noter également que les quelques millions d'hectares mis en culture devaient être consacrés essentiellement à la culture du coton. Cette matière première très importante pour la fabrication d'explosifs aussi bien que des uniformes était alors considérée comme possédant un intérêt stratégique de premier plan.

Depuis, cet intérêt a diminué et la mévente du coton sur les marchés intérieurs ou extérieurs oblige à se tourner vers d'autres cultures comme celle du riz ou du maïs, malheureusement encore plus gourmandes en eau.

Au moment de sa plus grande expansion, le coton occupait 6 millions d'hectares. L'arrivée de parasites, ce qui se passe souvent quand on installe de vastes monocultures dans un milieu totalement artificialisé, a été durement ressentie en mettant en danger la récolte. L'absence d'ennemis naturels a permis en particulier à un lépidoptère particulièrement agressif d'envahir les cultures. La solution fut alors recherchée dans l'emploi massif d'un insecticide, le DDT, banni dans presque tous les autres pays pour sa toxicité et sa persistance.

De même, pour accélérer la maturation et la récolte, on n'hésita pas à utiliser un produit défoliant considéré comme très dangereux. Il s'agissait, d'ailleurs, du produit dont l'usage par les forces américaines pendant la guerre du Viêt-nam avait soulevé l'indignation.

Tous ces facteurs vont, bien entendu, avoir une influence non seulement sur la quantité mais aussi la qualité de l'eau restante apportée à la mer d'Aral.

En 1990, la mer d'Aral avait déjà perdu le tiers de sa surface et le niveau de l'eau était descendu d'environ 15 m. En 1996, on peut estimer à partir d'images satellites que la superficie est réduite de moitié. Cette baisse de niveau pose non seulement des problèmes d'accès aux ports mais aussi de salubrité et d'impacts sur les eaux souterraines.

Devant la ville d'Aralsk, persiste ainsi une lagune située à plusieurs mètres au-dessus du niveau général de ce qui reste de la mer. Les effluents non traités qui étaient dilués dans la mer se déversent dans cette lagune avec un résultat assez fâcheux.

Dans le même temps, la salinité augmentait considérablement pour atteindre et même dépasser celle des océans.

Une conséquence très grave pour la santé humaine a été l'augmentation importante de la teneur en sel des eaux de boisson. Celles-ci sont, de plus, fortement polluées par des résidus des traitements des récoltes. Les installations de dessalement qui avaient été conçues pour traiter de l'eau contenant 4 g de sel par litre se trouvent alimentées avec de l'eau qui en contient 15. Les puits sont également pollués sur le plan bactériologique du fait de l'impossibilité d'évacuer les eaux usées.

Les conséquences sur la santé humaine semblent effrayantes. Les taux de morbidité ont été multipliés par quatre entre 1984 et 1995. La mortalité infantile serait de 50 ‰ chez les riverains contre 37 ‰ dans le reste de la région. Il ne faut pas non plus négliger le choc psychologique engendré par ces transformations qui touchent tous les éléments du cadre de vie.

Aussi ne faut-il pas s'étonner de voir les populations fuir les bords de la mer d'Aral. La ville de Mouinak qui comptait 130 000 habitants en 1960 n'est plus qu'une bourgade de 10 000 habitants. On observe d'autres inconvénients dont l'influence se fait sentir parfois à de grandes distances de l'ancien rivage. La vaste étendue de sable émergée agit un peu comme un four solaire et génère des vents violents et de véritables trombes.

Ce sable monte à l'assaut des villages qui n'ont guère de moyens de se défendre.

Mais le vent soulève aussi des masses énormes de sel, on parle de 140 millions de tonnes transportées parfois à plus de 500 km. On estime également que parfois les retombées sont de l'ordre de 500 à 700 kg de sel par hectare, ce qui, à terme, peut affecter la fertilité des sols.

Il ne faudrait pas, par ailleurs, passer sous silence les conséquences économiques les plus directes.

L'importante activité que constituait la pêche a cessé d'exister. Cependant, comme dans le même temps l'on détournait les eaux et l'on construisait une importante conserverie, on a voulu faire fonctionner celle-ci en utilisant du poisson venu de la Baltique, de la mer Blanche ou du Pacifique !

L'usine de pâte à papier, qui exploitait les roseaux, utilise maintenant du bois provenant de Sibérie, les animaux à fourrure ont disparu et le développement touristique est devenu improbable.

En face de ces aspects négatifs pouvons-nous trouver des éléments réconfortants dans le domaine de l'agriculture ?

Un argument avancé par les responsables politiques est le fait que cette opération permet de faire vivre 3 millions d'agriculteurs, ce qui paraît optimiste par rapport aux surfaces concernées et aux types de culture.

Les millions d'hectares concernés ont été frappés par la pullulation des parasites, la mévente du coton et surtout par la salure excessive des terres. Comme dans de nombreuses autres régions du globe, on observe que l'eau fait remonter le sel contenu dans le sol, qui dans ce cas ne provient pas de la mer d'Aral. On crée ainsi une couche stérilisante en surface. Le succès de l'opération sur un plan économique est donc loin d'être démontré.

Sur le plan écologique pour tenter un retour en arrière on propose les idées les plus folles. On a suggéré de faire fondre les neiges du Pamir pour augmenter le débit du fleuve. On a proposé de détourner un fleuve sibérien ou de relier la Caspienne au bassin d'Aral.

Ces différents projets pouvaient être pires que le mal actuel et n'ont pas été retenus. Un seul, de portée réduite, a été mis en œuvre par le Kazakhstan. En détournant vers le nord l'embouchure du Syr-Daria il semble possible de reconstituer une « petite mer » d'une superficie très fortement réduite, isolée de l'ancienne mer par une digue. Ce plan d'eau qui sera nettement plus salé que l'original trouvera, si tout va bien, son équilibre dans une vingtaine d'années. Tout ceci n'est pas très satisfaisant, mais existe-t-il une bonne solution ?

Puisqu'il semble évident que les autorités concernées ne veulent pas abandonner l'agriculture irriguée, une profonde réflexion sur l'économie de l'eau utilisée pour l'irrigation paraît indispensable. Par exemple un canal à ciel ouvert creusé dans le sable dans un désert, sur 1 300 km de longueur, ne paraît pas la meilleure solution pour transporter de l'eau.

On peut aussi se demander si les techniques de goutte à goutte ne pourraient être utilisées avec profit.

Des cultures moins gourmandes en eau, des procédés de lutte intégrée pourraient également être utilisées. Nous en avons parlé au sujet des abus d'usage de l'eau à des fins agricoles et nous avons aussi vu les menaces que l'emploi massif des pesticides faisait courir à la qualité de l'eau.

Mais sur place on peut prendre conscience des innombrables difficultés liées aux conditions locales.

Pour commencer le bassin versant de la mer d'Aral est partagé entre cinq républiques d'Asie centrale qui ont des intérêts différents. Par exemple, les territoires irrigués le sont à partir de réservoirs qui se remplissent en hiver mais qui sont vidés pendant l'été. Or certains pays souhaitent maintenant utiliser les réserves d'eau en hiver pour produire de l'électricité, ce qui promet des conflits difficiles. De même le système mis en place du temps de l'Union soviétique reste très présent. Les États mettront sans doute beaucoup de temps à faire admettre aux agriculteurs la nécessité de payer l'eau qu'ils utilisent pour en améliorer la distribution.

Pourtant les cinq républiques se sont trouvées d'accord en 1992 pour solliciter une aide internationale. L'Union européenne a répondu en lançant en 1995 un programme doté de 5,5 millions d'écus pour deux ans.

Ce projet est d'ailleurs accompagné par différentes aides provenant de la Banque mondiale et des programmes de Nations Unies pour le développement et pour l'environnement. La France, pour sa part, a offert quelques unités de potabilisation mais ce geste ne résout pas les problèmes d'eau potable du plus grand nombre.

Malgré ces assistances financières et techniques on ne doit pas rêver et espérer retrouver le mer d'Aral car trop d'erreurs ont été commises au départ.

On peut pourtant espérer trouver un nouvel équilibre grâce à une gestion rigoureuse des usages de l'eau et l'arbitrage nécessaire mais difficile entre les usagers et les États souverains.

Si cet équilibre était obtenu, le bassin de la mer d'Aral pourrait devenir un exemple de portée internationale.

En effet, des désastres comparables peuvent être signalés de par le monde, même si la mer d'Aral reste unique au niveau de la surface comparée.

On peut ainsi signaler le lac de Chapala au Mexique, deux fois plus grand que le lac Léman et le plus grand plan d'eau naturel du pays. Ce lac est fort mal en point.

Le prélèvement de l'eau destiné à alimenter les 4 millions d'habitants de la région de Guadalajara et à l'irrigation d'importantes surfaces de terres cultivées a mis ce lac en fâcheuse posture.

En 1960, le lac peu profond, environ 9 m, avait subi un recul de 500 m par rapport à son niveau ancien. En 1990, Chapala avait perdu la moitié de son volume et sa profondeur ne dépassait plus 3 m. Heureusement, en 1991, des pluies d'une abondance exceptionnelle ont fait remonter le niveau. Mais, si les prélèvements continuent à excéder les apports, on reviendra obligatoirement à la case précédente.

A ces prélèvements s'ajoute un problème important

de pollution qui laisse bien des inquiétudes quant à l'avenir de ce lac.

Pourtant les potentialités touristiques d'un lac réputé, situé en altitude, dans d'agréables conditions climatiques, auraient dû conduire à une réflexion intégrée sur l'aménagement.

Nous savons que ce type de démarche qui devrait s'imposer est, en fait, fort rarement utilisé et que les études d'impact, lorsqu'elles sont imposées, ne sont pas toujours conduites dans cet esprit.

Il faut aussi reconnaître que le débat, quand il existe, n'est pas toujours facile du fait des incompatibilités manifestes entre les projets en présence.

Un bon exemple peut être trouvé en étudiant le cas de la mer Morte d'une superficie de 980 km^2 et située dans une dépression à 394 m en dessous du niveau de la mer.

Malgré sa salinité très élevée, 340 g de sels par litre, la mer Morte ne mérite pas totalement son nom.

On y trouve, en effet, des algues vertes unicellulaires qui constituent le premier niveau d'une courte chaîne alimentaire et au second niveau des consommateurs représentés par plusieurs espèces de bactéries qui n'existent nulle part ailleurs.

Cependant la vie de cet univers extrême est actuellement très menacée. La construction d'un barrage sur le Jourdain a considérablement réduit l'arrivée d'eau. De ce fait, le niveau de la mer Morte baisse d'environ 50 cm chaque année et malgré les rémissions dues à des années de pluie exceptionnelles il est facile de prévoir sa disparition.

Un projet ambitieux est en cours de discussion. Il s'agit d'amener par un canal des quantités importantes d'eau prélevée dans la mer Rouge. Cette rivière inversée descendant vers la dépression de la mer Morte pourrait produire de l'énergie et faire remonter rapidement le niveau. Cependant les eaux beaucoup moins salées de la mer Rouge amèneraient sans doute à terme la disparition des formes de vie originales de la mer Morte.

Les partisans du projet font remarquer avec quelques raisons que si la mer Morte disparaît, la vie qu'elle contient disparaîtra également et il semble que la discussion ne soit pas close.

Sans vouloir porter un jugement sur ce projet soulignons encore une fois le besoin de bilans capables d'intégrer les avantages et les inconvénients non seulement dans ce qui relève directement de l'économie du projet mais aussi de ce qui intéresse l'écologie, voire la qualité de la vie.

Bien souvent les échos venant de différentes parties du monde nous font entrevoir des situations, qui nous semblent difficiles à accepter, dans lesquelles des transferts massifs de populations sont envisagés. Le grand barrage chinois des Trois-Gorges sur le Yang-Tsê qui sera terminé en 2010 nécessitera le déplacement d'environ 1 million de villageois occupant la surface de plus de 1 000 km^2 qui sera submergée.

Rappelons-nous que l'équipement hydroélectriques de notre pays ne s'est pas fait sans heurts. Et ce qui a été réalisé n'est que peu de chose à côté des ambitions de certains plans qui n'ont pas vu le jour.

Ainsi, en 1947 on a très sérieusement présenté un projet visant à barrer la vallée de l'Allier en construisant un ouvrage de 190 m de haut qui aurait eu entre autres inconvénients celui de noyer la ville de Langogne sous 120 m d'eau.

D'autres sites ont heureusement été trouvés et d'autres modes de pensée se sont heureusement mis en place.

III. — La restauration des cours d'eau et des milieux aquatiques

Les cours d'eau, leurs abords et l'ensemble des milieux aquatiques ont été très maltraités depuis de nombreuses années par différents types d'aménagements que nous avons eu souvent l'occasion d'évoquer.

Pourtant on assiste dans plusieurs pays à une prise de conscience concernant la nécessité de revenir sur certains aménagements et d'effectuer un certain nombre de restaurations en même temps que la protection des espaces encore peu touchés. Ces opérations intéressent certainement la protection de la nature au sens large, mais ont aussi des intérêts économiques évidents.

Les ruisseaux de plaine et de montagne. — Parce qu'il s'agissait de transformations diffuses et parfois discrètes, les mauvais traitements infligés, dans de nombreux pays, aux ruisseaux, sous prétexte de les maîtriser n'ont pas suscité beaucoup de réactions pendant de nombreuses années.

Cependant on s'aperçoit maintenant que d'importantes opérations de rénovation sont devenues nécessaires.

Dans de très nombreux cas on a cherché à rendre rectilignes les ruisseaux sinueux, à détruire les berges couvertes de végétaux, à les remplacer par des pierres, des palplanches en métal, des rondins de bois ou même du béton.

Ces diverses opérations ont en fait des résultats très négatifs. Elles accentuent considérablement la vitesse du courant et accentuent ainsi en aval les problèmes de crue.

Elles suppriment souvent les relations entre le lit

mineur et les rives. Nous avons vu que ces relations dans ces zones de transition qu'on appelle « écotones » ont une grande importance. Le rôle d'écrêteur des crues, affectant l'aval, joué par les rives submersibles est ainsi supprimé. Enfin ces différents aménagements diminuent beaucoup le pouvoir d'auto-épuration du cours d'eau qui se trouve ainsi bien moins capable de supporter des organismes vivants. De ce fait, le maintien de la biodiversité tant animale que végétale est très menacé. Ainsi, on a pu observer dans des cours d'eau en Belgique que la quantité de moules d'eau douce, excellents « nettoyeurs », variait considérablement en fonction de la nature du lit de la rivière. On trouve très peu de moules sur du béton, presque deux fois plus sur des constructions de pierres à joints ouverts et sept fois plus sur des galets.

Les pêcheurs sont loin aussi d'y trouver leur compte.

Les zones de frayères naturelles disparaissent et les zones artificielles aménagées sont loin d'avoir la même valeur.

On peut aussi souligner que la valeur esthétique et paysagère du cours d'eau disparaît presque totalement.

Parfois, on est allé jusqu'à faire passer le cours d'eau dans un tuyau, ce qui fait disparaître totalement un habitat naturel et l'intérêt qu'il peut présenter.

On assiste actuellement à une réaction qui vise à ne plus laisser à la seule hydraulique la maîtrise des opérations d'entretien des ruisseaux, de plaine ou de montagne.

Il était temps en particulier de retrouver les méthodes dites biotechniques qui étaient souvent utilisées au siècle dernier mais avaient subi une éclipse regrettable.

Ces techniques consistent en la recherche de la compréhension des grandes tendances naturelles d'un cours d'eau. Envasements, affouillements, créations ou disparitions de méandres sont des exemples de ces évolutions.

On peut ainsi en utilisant des moyens légers diriger dans une large mesure cette évolution sans la bloquer totalement ; on cherchera en particulier à utiliser la végétation pour restreindre les évolutions qui ne paraissent pas souhaitables. Par exemple, une berge herbacée prolongée par une bande boisée et ensuite par des prairies inondables remplace avantageusement une digue de maçonnerie imperméable.

Il faut cependant remarquer que la maîtrise de la végétation, qui doit fixer les rives mais ne pas obstruer le cours, est un art plus subtil que celui de l'emploi systématique du béton.

Ces techniques appliquées dans de nombreux pays depuis quelques années, et en particulier en France, ne sont pas d'ailleurs réservées aux petits ruisseaux.

Les rivières et les fleuves méritent souvent d'être restaurés selon des principes analogues. Il faut de plus insister sur le fait que les espaces riverains doivent être compris dans ces opérations de restauration.

La plaine du Forez. — Située entre les monts du Forez et les monts du Lyonnais, la plaine du Forez est traversée sur environ 50 km par la Loire.

Depuis de nombreuse années la Loire et ses vastes lits font l'objet d'exploitations intenses de granulats qui ont profondément perturbé le paysage et les richesses écologiques.

Depuis quelques années, avec l'aide des fonds européens, une association de protection de la nature, la FRAPNA Loire, a pu réaliser d'importantes acquisitions après l'arrêt des extractions. A terme, il s'agit en utilisant les restes des milieux primitifs et des techniques avancées de restauration des milieux de disposer d'une surface d'environ 50 ha (l'Écopole) destinés à la pédagogie et au tourisme de nature et d'au moins 350 ha, à proximité (l'Écozone) ayant vocation à constituer une réserve naturelle.

L'Écopole. — Après la fin de l'exploitation d'une gravière le site se présente sous un aspect que l'on peut qualifier de désolant. Les berges abruptes et des eaux de qualité médiocre dans la zone d'extraction, des « friches » peu engageantes dans les zones de tri et de stockage nécessitent la mise en œuvre d'un génie écologique assez subtil. Le remodelage des rives, la création d'îles, le retour, spontané ou assisté, de plantes autochtones, le nettoyage des zones hors d'eau et des restes de l'ancienne ripisylve sont des travaux très lourds.

Cependant des résultats satisfaisants sont obtenus très rapidement.

La flore reprend rapidement ses droits et la faune occupe l'espace ainsi « renaturé » avec une rapidité considérable.

On peut ainsi observer l'arrivée de près de 200 espèces d'oiseaux, passagers ou nicheurs. Beaucoup de mammifères sont également revenus et le castor a été réintroduit avec succès.

Bien entendu, les autres vertébrés, soit spontanément, soit à la suite de réintroduction, dans le cas des poissons, sont également revenus.

Enfin les invertébrés semblent également très bien représentés.

Le but de la restauration de cet espace est essentiellement pédagogique et la gestion vise à faciliter la vision du plus grand nombre d'espèces dans des milieux recréés et entretenus à cet effet. A condition que cela soit bien expliqué aux visiteurs qui doivent comprendre qu'il ne s'agit pas de la « nature » évoluant spontanément, cette action paraît très légitime.

On cherche à présenter une série d'éléments naturels parfois créés de toutes pièces et entretenus. Par exemple, une falaise créée par l'exploitation de la gravière est conservée et « ravalée » chaque année pour y conserver la nidification de l'hirondelle de rivage. De même des efforts destinés à favoriser l'installation d'une colonie de mouettes rieuses vont jusqu'à l'installation d'appelants. De même on peut penser qu'une éventuelle invasion des plans d'eau par des macrophytes nécessiterait une intervention.

Bien entendu cette « artificialisation » a, heureusement, ses limites.

On ne trouve ni oiseaux éjointés ni espèces exotiques volontairement introduites !

Pour tirer le meilleur parti de ces éléments il faut naturellement des outils.

Ceux-ci appartiennent à trois catégories : les moyens

d'observation, les informations écrites ou sous une autre forme multimédiatique, la communication directe de personne à personne.

L'utilisation de ces trois moyens est facilitée par l'existence d'une maison de l'Écopole, lieu d'observation doué de moyens importants : jumelles, télescope, caméra de télévision, etc., et aussi lieu d'exposition et d'actions pédagogiques les plus diverses.

Par ailleurs, on trouve des observatoires permettant une vision rapprochée et un grand sentier, balisé par des bornes signalant des espèces ligneuses et apportant des informations, permet d'aborder le milieu terrestre. Ce milieu essentiellement formé d'une ripisylve en divers états d'évolution et d'une prairie permanente entretenue par des moutons est également très riche.

Le succès de cette structure a d'ailleurs été immédiat comme l'atteste le passage de quelque 60 000 visiteurs annuels. Cette affluence mal répartie dans la semaine pose d'ailleurs quelques problèmes, surtout quand il s'agit de visites guidées. Cependant il faut beaucoup insister sur le fait que les écosystèmes aquatiques ont besoin non seulement d'une restauration physique mais aussi d'être réhabilités dans l'esprit du grand public. Favoriser une meilleure connaissance des milieux aquatiques est certainement un bon moyen de trouver plus facilement des solutions aux conflits d'usage. Une rivière n'est plus un écosystème complet sans ses rives boisées, ses bras morts, ses zones inondables. Or, nous avons vu à quel point ces diverses zones humides avaient été la cible des aménageurs qui leur prêtaient beaucoup d'inconvénients. La protection d'une véritable rivière et de ses zones satellites passe donc forcément par l'éducation des usagers de l'espace qu'elle occupe, c'est pour cette raison que cette réalisation mérite de retenir notre attention.

L'écozone. — En dehors de l'espace consacré à la pédagogie, on trouve, nous l'avons dit, 350 ha qui sont l'objet de diverses tentatives de restaurations destinées à retrouver les fonctions naturelles de l'écosystème.

De part et d'autre de la Loire la récupération des terrains après le départ des gravières et leur restauration peuvent se faire avec le souci de laisser ensuite la nature reprendre ses droits.

Mais disons tout de suite que le lit même du fleuve dont on a raclé sable et gravier que les barrages ne permettent plus de renouveler paraît difficilement pouvoir être restauré.

L'enlèvement de quelque 30 millions de mètres cubes a été particulièrement funeste au lit même de la Loire qui a été affouillé jusqu'aux couches de marne verte.

Cette catastrophe écologique dont toutes les conséquences ne sont pas encore connues sera certainement retenue parmi les tristes exemples que nous connaissons sur notre planète.

Pour le reste, il y a du travail, mais le spectacle des premiers résultats est encourageant. Il est possible en effet, quand les extractions ont eu lieu dans un méandre, de laisser le fleuve pénétrer dans la gravière et sortir en aval. Rapidement la Loire façonne un milieu formé d'un lacis de petits bras et d'îles dont la valeur est certaine et se rapproche sûrement de ce que peuvent provoquer certains phénomènes naturels.

Quelques autres réalisations. — De nombreuses autres restaurations mériteraient d'être citées. On peut ainsi parler de la destruction de barrages devenus inutiles. Ainsi, le barrage de Kernansquillec sur le Leguer dans les Côtes-d'Armor a-t-il été détruit en 1996. D'autres opérations similaires sont en cours bien qu'elles se heurtent à l'opposition de nombreux élus dont la vision limitée dans le temps et restreinte dans l'espace ne facilite pas l'appréhension des enjeux.

Ainsi, c'est après quelques hésitations que la décision de détruire le barrage des Maisons rouges a été prise en juillet 1997. Ce petit barrage, construit sur la Vienne en 1923, pour alimenter une usine hydroélectrique a, sans doute, porté un coup fatal aux saumons du bassin de la Loire qui se sont trouvés coupés des immenses frayères situées dans les parties hautes de la Vienne, de la Creuse et de la Gartempe. Les passes à poisson installées se sont révélées relativement inefficaces non seulement vis-à-vis des saumons mais aussi pour les autres migrateurs.

La concession d'EDF se terminant, il avait été décidé pour des raisons économiques et écologiques de supprimer le barrage. Mais l'opposition des riverains, intéressés par une petite exploitation touristique du plan d'eau et par les redevances, ainsi qu'une certaine politisation de l'affaire avaient amené le gel du projet. Pourtant la remise en état de l'ouvrage endommagé par le temps aurait coûté 48 millions alors que la destruction ne coûterait que 14 millions.

Les saumons et les autres migrateurs devraient bien s'en trouver. Grâce aux mesures d'accompagnement les riverains devraient aussi trouver des sujets de satisfaction.

Enfin les dizaines de milliers de pêcheurs devraient, à terme, observer quelques heureuses modifications.

La démolition d'un barrage apporte certainement beaucoup de bénéfices à l'écologie d'une rivière, mais chaque opération doit être pensée avec rigueur. Aux États-Unis, ce type d'intervention est devenu fréquent. L'examen de la balance entre les avantages économiques d'un barrage et les avantages écologiques, mais aussi économiques de sa destruction a abouti dans un certain nombre de cas à la réalisation d'un certain nombre de suppressions[1]. Les opérations visant de petits ouvrages ont posé peu de problèmes. Le barrage de 5 m de haut connu sous le nom de Newport n° 11 fut éliminé en six semaines pour la somme de 1 million de dollars.

Tout d'abord, on abaissa le niveau de l'eau en amont. Ensuite, grâce à une buse, l'eau de la rivière fut détournée vers l'aval de manière à créer une zone asséchée, isolée par des sacs de sable. Le barrage fut ensuite démoli en utilisant des explosifs et les débris transportés en dehors du lit du cours d'eau

Mais les choses n'ont pas toujours été aussi faciles. Le barrage de Newport en est un exemple. Cet ouvrage de 9 m de hauteur avait été construit en 1817, en utilisant une structure de bois encadrant des rochers. Ce barrage fut détruit en 1973 sans prendre beaucoup de précautions. On estimait alors que la

1. *New Scientist,* 19 mai 1997.

rivière pourrait se restaurer elle-même, ce qui s'est avéré erroné. Dans un premier temps, de nombreux débris flottants provenant de la structure du barrage ou d'ouvrages annexes ont posé quelques problèmes.

Mais, surtout, on s'est aperçu que les sédiments accumulés en amont du barrage contenaient des produits toxiques, en particulier du PCB dont la dispersion le long de la rivière n'était pas sans inconvénients. Cette question du devenir des sédiments, compte tenu d'un éventuelle toxicité, est bien entendu considérée comme cruciale.

Même en dehors d'une pollution d'origine industrielle, les sédiments peuvent d'ailleurs être toxiques. Dans les retenues d'une certaine profondeur les eaux du fond peuvent ne plus contenir d'oxygène et présenter un Ph acide. Dans ces conditions, on observe une transformation des sels des métaux dissous qui, lorsqu'ils sont ensuite remis en circulation, particulièrement quand il s'agit de métaux lourds, peuvent mettre en danger les organismes vivants.

Même en l'absence de toxicité, l'apport subit d'une grande quantité de sédiments peut présenter des inconvénients, par exemple le colmatage des frayères ou la modification de la morphologie du lit mineur.

Pour éviter ces inconvénients plusieurs méthodes ont été proposées. On peut envisager de recouvrir les sédiments avec une couche de béton, on peut en extraire une grande partie, surtout si une utilisation est possible, on peut aussi les faire partir vers des surfaces disponibles en utilisant des canaux de dérivation. Les États-Unis commencent à posséder une solide expérience dans ce domaine. Dans le seul État du Wisconsin, 30 démantèlements ont été effectués durant les vingt dernières années !

L'imagination des « restaurateurs de la nature » est

par ailleurs sans limite. Avant d'évoquer de grandes opérations de restauration signalons celle qui touche, en Autriche, des milieux aquatiques parfaitement artificiels. Il ne s'agit donc pas de restauration mais de création.

En Haute-Autriche on a recensé plus de 1 000 bassins réservoirs construits entre 1960 et 1970 pour lutter contre les incendies. Les préoccupations des constructeurs de l'époque n'étaient pas tournées vers la protection de la faune sauvage. Aussi les bords abrupts empêchent les batraciens qui viennent pondre ou les petits mammifères attirés par l'eau de regagner la terre ferme. Différents escaliers en pierre ou en bois ont été construits qui transforment ces pièges mortels en éléments utiles enrichissant des habitats naturels. On a de plus estimé important d'aménager les abords des bassins en plantant des arbres et des buissons.

A côté de ces petites réalisations on peut en rencontrer de plus grande envergure.

Ainsi l'histoire du marais d'Orx mérite d'être contée. Il s'agit d'un marais de 775 ha asséché à la fin du XIXe siècle et, jusqu'en 1985, consacré en grande partie à la culture du maïs. Cependant le coût du pompage incessant, nécessaire pour maintenir ces terres hors d'eau, étant devenu prohibitif, la culture fut abandonnée. Le domaine fut alors mis en vente et acquis par le Conservatoire du littoral. Il fut alors possible de commencer la restauration de cette zone humide en cherchant à obtenir différents types de milieux. Le résultat fut rapidement excellent en ce qui concerne les oiseaux aquatiques. On a pu y observer 233 espèces différentes souvent en nombres très importants. On a également retrouvé rapidement des végétaux intéressants. Par contre, il faudra attendre un certain temps pour que la qualité de l'eau s'améliore. Plus de cent années d'agriculture avec des apports d'engrais et de pesticides ne s'effacent pas en quelques mois. De même les sources de pollution, malgré les législations, ne disparaissent pas aussi vite que cela serait souhaitable.

La plupart des restaurations que nous évoquons sont destinées à réparer les dommages provoqués par des activités économiques précises : agriculture, production d'énergie, urbanisation, etc.

Parfois aussi il s'est agi de tentatives d'aménagement du milieu dans le but de l' « améliorer » en méconnaissant les bases mêmes de l'écologie du milieu en question.

On peut ainsi citer l'exemple du Vignan, petite rivière de 8 km de longueur, située dans le Morvan.

Cette rivière d'excellente qualité possède des frayères à truite utilisée en particulier par les poissons que l'on rencontre dans la Cure, cours d'eau plus important.

En 1971, un parcours de pêche a été aménagé sur 3 km dans le but louable en apparence d'améliorer la situation naturelle au profit des pêcheurs[1].

Malheureusement les connaissances techniques des promoteurs n'étaient pas de nature à favoriser le succès de leur entreprise.

L'opération était, en particulier, basée sur la création de 57 barrages formés de blocs de rochers et destinés à créer des zones d'eau calme considérées comme favorables à la pêche.

Comme on aurait dû le prévoir, cette opération a eu des conséquences particulièrement néfastes.

Dans la zone ainsi aménagée, les différents invertébrés constituant la partie principale de l'alimentation

1. L. Paris, *La renaturation du Vignan, in* 3e forum des gestionnaires, Ministère de l'Environnement, mars 1997.

des truites ont disparu. En conséquence, il y a beaucoup moins de poisson, toutes espèces confondues, qu'avant ou que dans la partie de la rivière qui n'a pas été aménagée. La circulation du poisson étant interrompue, on peut penser que le rôle important joué par les frayères à truite situées en amont avait disparu.

Des dépôts importants d'alluvions pouvant atteindre 1 m d'épaisseur ont également joué un rôle néfaste par rapport à la qualité du milieu. Le ralentissement du courant a de plus amené en liaison avec l'envasement une profonde modification de la flore aquatique.

En 1995, sous l'impulsion du parc naturel régional du Morvan, il a été décidé de corriger les erreurs des « correcteurs » de la nature. On a détruit la majorité des barrages en laissant les blocs de rochers dans le lit ou sur ses bords. Un an après, on retrouvait une faune d'invertébrés caractéristique des rivières à truite et les premières remontées de cette espèce pouvaient être observées.

CONCLUSIONS

Malgré toutes les imprécisions probables des chiffres fournis par les experts, même quand ils sont précis en apparence, malgré la confiance limitée que nous devons accorder aux auteurs de pronostics, la convergence de tous les indices doit nous convaincre que l'eau sera une préoccupation dominante au cours du siècle prochain.

Les prévisions les plus pessimistes, en ce qui concerne les conflits d'usage ne sont peut-être pas inéluctables. Elles nécessitent cependant de surveiller avec vigilance l'évolution des situations. Parmi les raisons qui nous poussent à un certain optimisme, notons un certain nombre d'initiatives internationales qui vont dans le bon sens.

Certaines se limitent à traiter de l'eau en général ou à un bassin versant particulier. D'autres tentent de mettre en place une gestion intégrée et durable.

Sans vouloir être exhaustif dans ce domaine trop vaste, nous pouvons citer comme exemple la Convention de Ramsar, datant de 1971 et ratifiée par la France en 1986.

Cette convention, qui réunit plus de 100 parties contractantes, a pour but la conservation de zones humides correspondant à certains critères concernant la richesse biologique tout en affichant l'utilisation rationnelle de ces espaces et de leur contenu. La France a définit ainsi 17 zones dont 3 sont situées dans les départements d'outre-mer. Leurs superficies cumulées atteignent presque 900 000 ha. En France, il a été choisi avec raison de créer de vastes entités fonctionnelles pour tenter de s'orienter vers cette gestion globale que nous considérons comme essentielle.

En particulier on cherche actuellement à mettre au point des systèmes d'évaluation économique qui devraient permettre de lutter contre la dégradation rapide de zones humides.

Ces méthodes, qui permettent d'évaluer l'étendue de la dégradation et ses causes, doivent aussi identifier des valeurs économiques indéniables que tout projet d'aménagement devrait prendre en considération[1].

On peut aussi citer les réserves de biosphère du programme sur l'homme et la biosphère (MAB) de l'Unesco. Les quelque 300 réserves de biosphère qui existent de par le monde comportent le plus souvent des cours d'eau et des zones humides. Ici encore on préconise la mise en place de mesures de conservation et d'un développement intégré. L'action, devant être globale au niveau d'un système et non ponctuelle, nécessite bien entendu comme dans le cas des zones de Ramsar des surfaces importantes. Ces stratégies contrastent évidement avec celle des réserves naturelles plus ou moins intégrales qui sont très nombreuses de par le monde et rendent d'éminents services mais dont les superficies restreintes au moins en Europe occidentale permettent difficilement une approche globale.

Les réserves de biosphère sont de plus le siège

1. F. L. Filion, Vers la création d'un groupe d'experts au sein de « Wetlands international », chargé de l'évaluation économique des zones humides, *Gibier, faune sauvage,* 13 (4), 1996.

d'opérations de recherche et possèdent des plans de gestions qui garantissent une certaine efficacité[1].

Cependant, il me semble qu'il n'est pas possible de compter uniquement sur des espaces exceptionnels pour garantir une solution généralisable à l'ensemble du territoire. Il paraît donc essentiel de pouvoir dominer ces questions à l'intérieur de différentes institutions ayant une compétence générale.

Pour ce faire, il paraît nécessaire de disposer de grands principes d'actions et de connaissances techniques ainsi que d'outils appropriés.

Contrairement à ce qui pourrait paraître plus logique, nous commencerons par examiner les outils dont nous disposons pour régler nos propres conflits d'usage et ensuite seulement nous examinerons si les structures sont en accord avec les démarches susceptibles d'améliorer la situation présente.

Un premier outil est constitué par les agences de l'eau.

Créées en 1964 ce sont des établissements publics à caractère administratif placés sous la tutelle du ministère de l'Environnement. Au nombre de six, elles correspondent à des bassins hydrographiques, ainsi trouverons-nous l'agence de l'eau d'Artois-Picardie, celle de Seine-Normandie, celle de Rhin-Meuse, puis Loire-Bretagne, Adour-Garonne, et enfin Rhône-Méditerranée-Corse.

Ces agences disposent de comités de bassin réunissant des représentants de l'ensemble des utilisateurs de l'eau. Ces comités, en accord avec les instruction du ministère de l'Environnement, définissent des politiques précises.

Ces politiques concernent la lutte contre la pollu-

1. Unesco. 1996, *Réserves de biosphère. La stratégie de Séville et le cadre statutaire du réseau mondial,* Paris, Unesco.

tion de l'eau et la recherche permettant d'atteindre des objectifs de qualité. Elles concernent également le partage de la ressource entre les utilisateurs et son exploitation rationnelle. Le soutien financier des différentes activités nécessaires est rendu possible grâce à la perception de redevance sur les prélèvements et la pollution des eaux.

La loi sur l'eau du 3 janvier 1992 met de plus à notre disposition deux nouveaux outils de planification.

Le Schéma directeur d'aménagement et de gestion des eaux (SDAGE) détermine les orientations de base d'une gestion équilibrée des eaux au niveau des six grands bassins correspondant aux agences déjà nommées.

Parallèlement des schémas d'aménagement et de gestion des eaux connus sous le nom de « Sage » seront créés au niveau de petites unités hydrographiques cohérentes.

On ne peut qu'applaudir à la mise en place de tels dispositifs mais on peut se demander s'ils apporteront toujours la bonne solution.

Il paraît, en effet, qu'il serait nécessaire d'obtenir un certain nombre de changements dans les mentalités.

Par exemple, dans le cas d'une augmentation de la demande, la réponse ne devrait pas être systématiquement la recherche d'un prélèvement supplémentaire sur la ressource, nouveau forage, ou construction d'un barrage. Il serait nécessaire de se poser d'abord des questions concernant ce qu'on peut appeler les gaspillages. L'état des canalisations, avec parfois plus de 50 % de pertes, devrait être examiné et des pratiques plus économiques, par exemple en ce qui concerne l'irrigation, devraient faire l'objet de recherches et surtout d'applications.

En ce qui concerne la structure même des processus de décision et leur inadaptation à la situation présente on lira avec profit les conclusions de Granjean[1].

Dans de nombreux cas, les étapes de la décision sont les suivantes :

1 / Le principe de l'aménagement est acquis.
2 / Les modalités de réalisation ne doivent pas remettre en cause ce principe. Le coefficient de valeur fixe le seuil à ne pas franchir. On peut ainsi éliminer des variantes.
3 / Si le ministère chargé de l'Environnement le voulait ou le pouvait, il lui serait possible de participer au financement des coûts ou moins-values liés aux mesures qu'il exige, si ces dernières conduisent à rendre l'aménagement non rentable.

Avec Granjean on pourrait proposer une autre logique :

1 / détermination des contraintes écologiques au même titre que des contraintes géologiques ou de sécurité ;
2 / évaluation de variantes et première élimination au vu des contraintes écologiques ;
3 / calcul de rentabilité ;
4 / choix de la meilleure variante.

Cette proposition est d'ailleurs conforme aux dispositions de la loi du 29 juin 1984, qui fixe des contraintes *a priori* dans le domaine écologique. Elle est pourtant largement ignorée.

En ce qui concerne les pollutions on pourrait faire

1. A. Grandjean, *Calcul économique et environnement : l'aménagement hydroélectrique du Haut-Rhône*, thèse, Université Paris - Val-de-Marne, 1983.

aussi de nombreuses remarques. Il faut reconnaître les efforts considérables de l'industrie dans ce domaine, au moins en Europe de l'Ouest, même si on peut encore souhaiter de nouveaux progrès.

Par contre, les pollutions d'origine agricole ne paraissent plus acceptables. Même si le traitement efficace des eaux de boisson paraît parfois possible, sa généralisation rapide paraît plus douteuse et surtout son coût doit être considéré. De plus, les graves atteintes au milieu naturel et à la biodiversité ne seront pas éliminées pour autant. Des efforts de recherche et de mise en œuvre de leurs résultats paraissent de plus en plus nécessaires.

De même la question de l'irrigation doit faire l'objet d'un examen sérieux, en France comme ailleurs. Ici encore il s'agit souvent plus d'appliquer que de découvrir.

Ces différents changements d'attitude, encore plus que des dispositifs réglementaires, paraissent donc nécessaires, même dans des pays comme le nôtre, où l'abondance globale de la ressource est importante.

A fortiori, dans les pays, très nombreux, où la ressource est notoirement déficitaire, est-il plus que temps de prendre au sérieux les menaces ?

Il est sans doute nécessaire de ne pas se limiter à la résolution de conflits entre deux ou trois pays aux intérêts opposés mais de tenter une approche plus globale.

C'est pourquoi il faut se réjouir de ce que l'Assemblée générale des Nations Unies ait adopté en mai 1997 une convention sur le droit relatif aux utilisations des cours d'eaux internationaux à des fins autres que la navigation.

Cette convention qui ne sera pas sans doute ratifiée facilement par de nombreux États va sûrement dans le bon sens.

En effet, les inquiétantes alertes quantitatives et qualitatives que nous subissons à des niveaux divers se transformeront sans doute en catastrophes planétaires sauf si nous assistons à des changements profonds aux niveaux des attitudes nationales et internationales.

BIBLIOGRAPHIE

Amigues J.-P. *et al.*, *Valorisation des usages de l'eau,* Paris, Economica-INRA, 1993.

Amoros C., Petts G. E., *Hydrosystèmes fluviaux,* Paris, Masson, 1993.

Barraqué B., *Les politiques de l'eau en Europe,* Paris, La Découverte, 1995.

Cans R., *La bataille de l'eau,* Paris, Le Monde éd., 1994.

Eiseltova M. (éd.), *Restoration of lake ecosystems : A holistic approach,* Netherland, Wetlans International, 1994.

Gilman K., *Hydrology and wetland conservation,* Londres, Wiley, 1994.

Glas B. *et al., L'eau en région méditerranéenne,* Conférence euro-méditerranéenne sur la gestion de l'eau, Marseille, 1996.

Jacques G., *Le cycle de l'eau,* Paris, Hachette, 1996.

Le Floch E. *et al., L'aridité ; une contrainte au développement,* Paris, Orstom, 1992.

Lachat B., *Guide de protection des berges de cours d'eau en techniques végétales,* Ministère de l'Environnement, 1994.

Lévêque C., *Écosystèmes aquatiques,* Paris, Hachette, 1996.

Margat J., *Les ressources en eau,* BRGM, 1996.

Michelot J.-L., *Gestion patrimoniale des milieux naturels fluviaux,* Monpellier, atelier technique des espaces naturels, 1995.

Pourriot R. et Meybeck M., *Limnologie générale,* Paris, Masson, 1995.

Riou C. *et al., L'eau dans l'espace rural,* Paris, INRA, 1997.

Rodier J., *L'analyse de l'eau,* Paris, Dunod, 1997.

BIBLIOGRAPHIE THÉMATIQUE « QUE SAIS-JE ? »

La pollution des eaux, n° 983
La pollution des mers, n° 1555
Énergie, environnement et urbanisme durable, n° 2044
Les énergies renouvelables, n° 3240
Les transports fluviaux, n° 494

TABLE DES MATIÈRES

Imprimé en France
Imprimerie des Presses Universitaires de France
73, avenue Ronsard, 41100 Vendôme
Avril 1998 — N° 44 745